VOCABULAIRE

PROGRESSIF DU FRANÇAIS

DES AFFAIRES

avec 200 exercices

Jean-Luc Penfornis

CRÉDITS PHOTOGRAPHIQUES

p. 12 m : P. Sittler/REA ; p. 12 d : Denis/Rea ; p. 12 g : M. Nascimento/Rea ; p. 25 : SIPA PRESS ; p. 34 :
P. Sittler/Rea ; p. 40 : R. Damoret ; p. 41 : P. Allard/REA ; p. 42 : SNCF ; p. 44 : J.L. Pelaez/CORBIS ; p. 50 :
C. Moschetti/REA ; p. 52 : Magliave/GAMMA ; p. 55 : Droits Réservés ; p. 58 bas : R. Damoret/REA ;
p. 58 ht : X. Aurel/REA ; p. 60 : STUMPF/SIPA PRESS ; p. 63 : Droits Réservés ; p. 64 : P. Broze/
REPORTERS/REA ; p. 66 : Droits Réservés ; p. 73 : Denis/REA ; p. 74 : T. Hoepker/magnum ; p. 76 :
G. Rolle/REA ; p. 78 : L. Lefkowitz/CORBIS ; p. 80 : A. Devouard/REA ; p. 82 : M. Fourmy/REA ; p. 84 :
D. Maillac/REA ; p. 86 : R. Damoret/REA ; p. 88 : C. Paris/REA ; p. 96 : J. Leynse/REA ; p. 99 : Droits
Réservés ; p. 104: D. Maillac/REA ; p. 112 : C. Moschetti/REA ; p. 124 : P. Sittler/REA ; p. 130 :
Haley/SIPA PRESS; p. 132 : Pitchal/CORBIS ; p. 138 : Société BIC ; p. 140 : C. Hondros/GAMMA ; p. 142 :
LWA-Dann Tardif/CORBIS ; p. 146 : Pitchal/CORBIS.

Direction éditoriale : Michèle Grandmangin
Édition : Bernard Delcord
Maquette et couverture : CGI
Mise en page : CGI
Iconographie : Bridgett Noizeux
Dessins : Marco

INTRODUCTION

■ **À qui s'adresse ce livre ?**

Le **Vocabulaire progressif du français des affaires** s'adresse à des étudiants ou à des professionnels de niveaux intermédiaire et avancé désireux d'apprendre le français dans un objectif professionnel.

L'ouvrage vous aidera à développer non seulement votre vocabulaire des affaires, mais aussi un certain nombre de savoir-faire professionnels. Vous pourrez ainsi communiquer plus aisément dans les situations les plus courantes du monde des affaires.

Ce livre peut être utilisé aussi bien en classe qu'en auto-apprentissage, les corrigés des exercices se trouvant dans un livret séparé.

■ **Comment ce livre est-il organisé ?**

L'ouvrage contient 70 leçons. Chaque leçon tient sur deux pages.

Les 15 premières leçons portent sur le vocabulaire lié à des savoir-faire professionnels communs à tous les domaines des affaires, tels que **téléphoner, assister à une réunion, parler en public, négocier,** etc.

Les 55 leçons suivantes parcourent le monde des affaires. Elles couvrent des domaines aussi variés que **la culture d'entreprise, les ressources humaines, l'éthique dans les affaires, la production, le marketing, la comptabilité, la finance,** etc.

Chaque leçon traite un thème différent et peut constituer le sujet d'un cours.

La présentation du vocabulaire respecte une progression dans le choix des thèmes. Au fil des leçons, en effet, les thèmes abordés deviennent de plus en plus techniques. L'ouvrage commence ainsi par l'étude de savoir-faire courants (ex. : téléphoner), qui ne requièrent pas l'emploi d'un lexique technique, et il se termine par des thèmes plus spécialisés, telles la finance ou la comptabilité.

Néanmoins, chaque leçon est autonome, ce qui permet de parcourir librement le livre, à votre rythme et selon vos propres intérêts. Vous pouvez donc très bien commencer par étudier un thème technique, comme les actions à dividende prioritaire (leçon 64), et continuer par un exercice portant sur des savoir-faire généraux, comme par exemple, l'aménagement d'une salle de réunion (leçon 2).

Selon le principe en usage dans cette collection, chaque leçon est constituée, sur la page de gauche, d'une présentation, sur la page de droite d'exercices. Ces deux pages peuvent aisément être exploitées et développées en classe, par exemple pour des débats ou des activités de groupe.

■ La page de gauche

Les mots ne sont jamais présentés dans une liste sèche de vocabulaire : ils sont mis en contexte dans des phrases, des histoires, des dialogues, des témoignages. Souvent, ils sont prononcés par des hommes et des femmes d'affaires, experts dans le domaine étudié. Ces personnages expliquent, racontent, donnent leur avis. Les mots, ainsi mis en scène, sont bien vivants, et vous n'aurez aucun mal à en saisir le sens.

Il est bien entendu que cet ouvrage ne recherche pas l'exhaustivité. Pour d'évidentes raisons matérielles et pédagogiques, il est impossible d'enseigner *tout* le vocabulaire des affaires.

■ La page de droite

Les exercices vous permettront de mettre en pratique, de vous approprier progressivement et d'assimiler les notions abordées à la page de gauche.

Ces exercices sont variés : questions à choix multiples, vrai ou faux, exercices à trous, exercices d'association, d'identification, petits cas, etc.

Enfin, **un index** développé vous permettra de vous orienter à travers les leçons et de retrouver diverses occurrences des mots ou expressions.

Nous espérons que vous prendrez plaisir à utiliser ce livre.

SOMMAIRE

RÉUNION 1 : TYPES DE RÉUNIONS

A. TYPES DE RÉUNIONS

Il y a toutes sortes de réunions, des grandes et des petites, avec des objectifs différents. Voici quelques exemples de réunions :

Réunion de service	Dans la société Ixtel, **une réunion de service se tient** tous les lundis matins : le chef de service **fait le point** avec ses collaborateurs sur les projets en cours, c'est **une séance de travail** obligatoire pour tous.
Réunion d'information	Au cours d'**une réunion d'information**, le directeur explique la nouvelle organisation de l'entreprise.
Séance de brainstorming	Le directeur d'une agence de publicité organise des **séances de brainstorming** : ce sont des réunions de créativité et de recherche d'idées, où chaque **participant** à la réunion **fait des suggestions**.
Colloque	Chaque année, à Madrid, **un colloque réunit** une centaine de spécialistes venus **débattre** (discuter) sur des questions économiques. Un colloque réunit moins de participants qu'**un congrès**.
Assemblée	Une fois par an, **l'Assemblée générale** des actionnaires de Ixtel **est convoquée** pour prendre des décisions importantes. Cette année, Ixtel **a tenu** son assemblée annuelle le 3 mars. Les **membres** de l'assemblée ont **délibéré** (discuté) longuement avant de **voter**.
Réception	L'ouverture officielle des nouveaux bureaux de Ixtel a été **inaugurée** le 3 mars. La direction avait organisé **une** grande **réception**. Tout le personnel était invité à **un cocktail** où était servi **un** grand **buffet** (table garnie de plats froids et de boissons).

B. RÉUNIONS À DISTANCE

Avec **la téléréunion** (= **la téléconférence**), plusieurs personnes se trouvant dans des endroits séparés sont reliées entre elles par des moyens de télécommunications (Internet, satellite, etc.).

Il existe deux types de téléréunion :
– **la réunion par téléphone** : elle réunit plusieurs personnes au téléphone. On peut aussi l'appeler « **réunion téléphonique** » ou « **audioconférence** » ou « **conférence téléphonique** » ;
– **la visioconférence** (= **la vidéoconférence**) : elle permet aux participants de se voir grâce à des caméras et à des écrans.

1 Dans quel type de réunions cité en A de la page 10 pouvez-vous le plus probablement entendre les déclarations suivantes ?

> On pourrait imaginer une souris avec de grandes oreilles.

> Je vous présenterai aujourd'hui les résultats du trimestre. Comme vous pouvez le voir sur ce schéma, les ventes ont progressé de 5 %.

1. *Séance de brainstorming*

4. _____

> Voulez-vous une coupe de Champagne ?

> Après une pause de 20 minutes, nous poursuivrons ce débat autour d'une table ronde.

2. _____

5. _____

> Je vous propose de passer au vote.

> Cette semaine sera très chargée.

3. _____

6. _____

2 Complétez les mentions manquantes.

Réunion nocturne chez Ixtel

Cette année, l'Assemblée générale des actionnaires de Ixtel était c _____ pour le 3 mars. Elle s'est t _____ à la date prévue dans la grande salle des conférences. Le président a présenté la situation, puis les m _____ de l'assemblée ont d _____ jusqu'à une heure du matin. La direction avait prévu ensuite une r _____ autour d'un b _____ . Mais comme il était tard, tout le monde est parti bien vite.

3 De quel type de réunion s'agit-il ?

Comme les participants n'ont pas besoin de se déplacer, elle permet de gagner du temps. Mais elle a des limites. Celui qui parle perçoit mal comment son message est perçu par les autres. L'animateur ne peut pas observer les réactions du groupe, et sa tâche est donc plus difficile.
Il s'agit de la _____

2 RÉUNION 2 : ORGANISATION

A. PRÉPARATION

Marius Guillard, consultant, est spécialisé dans l'organisation des réunions. Il donne quelques conseils à un groupe d'**hommes** et de **femmes d'affaires**.

- **Programmez** la réunion bien à l'avance : **lieu, date, durée**, etc.
- Précisez **l'ordre du jour** (= la liste des **sujets à traiter**).
- Faites une liste des **participants**. Invitez uniquement les personnes dont **la présence** à la réunion est nécessaire.
- Il ne faut pas négliger **les conditions matérielles** :
- – réservez **une salle de réunion** confortable, **éclairée**, **spacieuse** (grande) ;
- – retenez **le matériel** dont vous aurez besoin : **stylos feutres**, **bloc-notes**, etc.
- – préparez **les dossiers** et **documents** qui seront distribués ;
- – pensez aux bouteilles d'eau et aux verres.

B. SALLE DE RÉUNION

Marius Guillard conseille de bien réfléchir à **la disposition** de **la salle**.

Cette disposition de type salle de classe freine (limite) les échanges au sein du groupe.

La forme circulaire (en cercle) favorise (aide) le contact **en face-à-face**. L'animateur a une place identique à celle des autres.

Disposer les tables en U facilite la communication et permet de concentrer l'attention sur l'animateur.

C. AUTOUR DE LA RÉUNION

Les déclarations suivantes ont été entendues dans les couloirs d'un bureau.

- Il prévoit de **faire une réunion** la semaine prochaine.
- La réunion du 8 mars a été **reportée** au 16 mars.
- La réunion du 12 mars a été **avancée** au 3 mars.
- Finalement, il n'y a pas de réunion ! La réunion a été **annulée**.
- Je ne peux pas **assister** à la réunion, j'ai **un empêchement** (un problème).
- La date de la réunion n'a pas encore été **fixée**.

EXERCICES

1   Voici l'extrait d'une fiche d'évaluation. Complétez les mentions manquantes.

ÉVALUATION DE LA RÉUNION

*Donnez-nous votre avis sur le déroulement de la réunion
en répondant aux questions suivantes.*

1. La réunion a-t-elle été p _____ suffisamment à l'avance ?

2. L'o _____ du j _____ a-t-il été communiqué à l'avance ?

3. Le s _____ traité justifiait-il une réunion ?

4. Les p _____ à la réunion ont-ils été bien choisis ?

5. Votre p _____ était-elle nécessaire ?

6. Les conditions m _____ étaient-elles satisfaisantes ?

7. La d _____ des tables facilitait-elle la communication ?

8. Le l _____ de la réunion convenait-il ?

2   À quelle disposition de la salle de réunion correspondent les caractéristiques suivantes ?

1. L'animateur fait partie du groupe.   ⇒ ...   **a.** Salle de classe

2. La communication est à sens unique :
l'animateur parle, les autres écoutent.   ⇒ ...   **b.** Tables en U

3. La communication dans le groupe est possible,
mais l'animateur garde une place centrale.   ⇒ ...   **c.** Tables en cercle

3   Complétez les déclarations suivantes.

1. La réunion d'hier a été r _____ à demain.

2. Il faudrait f _____ une nouvelle date de réunion.

3. Il ne peut jamais a _____ aux réunions, il a toujours un e _____ .

4. La réunion de demain est inutile, je propose qu'on l'a _____ .

5. Comme il faut prendre une décision très vite, la réunion a été a _____ d'une semaine.

6. Dans cette entreprise, on f _____ beaucoup de réunions.

3

RÉUNION 3 : ANIMATION

A. ANNONCER L'ORDRE DU JOUR

Jacques Tissot, directeur général de la société Ixtel, **anime** une réunion. Comme les participants ne se connaissent pas, il propose de **faire un tour de table** : chacun se présente successivement.

Jacques Tissot annonce **le thème** de la réunion :
■ **Nous sommes ici aujourd'hui pour parler de**…

Ensuite, Jacques Tissot précise **l'ordre du jour** :
■ **Si vous le voulez bien, je commencerai par présenter… Ensuite, nous examinerons…** Puis **il entre dans le vif du sujet**.

Le secrétaire de séance a déjà commencé à **prendre des notes**. À l'aide de ces notes, il rédigera **le compte rendu** écrit de la réunion.

B. METTRE DE L'ORDRE

Jacques Tissot doit **gérer les temps de parole** des participants. Pour cela, il peut dire :
■ Madame Bernard, **c'est à vous de parler**.
■ **Désolé**, madame Bernard, mais monsieur Bouquet **a demandé la parole**.
■ **Attendez, nous ne pouvons pas tous parler à la fois.**

Si quelqu'un **s'écarte de** l'ordre du jour, Jacques Tissot peut dire :
■ **Revenons à notre sujet, s'il vous plaît.**

C. DEMANDER DES EXPLICATIONS

Jacques Tissot doit **stimuler** et **clarifier les échanges** entre les participants. Pour cela, il **reformule** certaines positions en disant :
■ **Si je comprends bien, vous nous dites que**…

Au cours de la réunion, Jacques Tissot demande des précisions :
■ **Qu'entendez-vous par** budget important ?
■ **Pouvez-vous nous donner un exemple de… ?**
■ **Vous nous dites que c'est la meilleure solution. Mais pour quelle raison ?**

D. CONCLURE

Pour résumer ce qui a été dit, Jacques Tissot peut dire :
■ **En résumé, on peut dire que**…
■ **Donc, si nous résumons ce qui a été dit, …**
■ **En conclusion, nous pouvons dire que**…

« **Je crois que nous avons fait le tour de la question.** », dit finalement Jacques Tissot.

E X E R C I C E S

1 **Reconstituez les phrases que l'animateur a prononcées pendant la réunion.**

1. Que voulez-vous dire	⇒ **c**	**a.** pour que nous parlions du projet Cerise.
2. Pouvez-vous nous donner	⇒ …	**b.** ce point dans le compte rendu ?
3. Il faudrait absolument	⇒ …	**c.** par là, Jean-Jacques ?
4. J'ai organisé cette réunion	⇒ …	**d.** nous passions au point 3 de l'ordre du jour.
5. Je crois que Jean-Jacques	⇒ …	**e.** terminer avant 17 heures.
6. Est-ce que vous avez	⇒ …	**f.** une solution à proposer ?
7. Pouvez-vous noter	⇒ …	**g.** un exemple, Jean-Jacques ?
8. Je suggère que	⇒ …	**h.** a demandé la parole.

2 **À quel moment de la réunion l'animateur a-t-il prononcé les phrases suivantes ?**

	AU DÉBUT	AU MILIEU	À LA FIN
1. Julien Boulard m'a demandé d'excuser son absence.	☐	☐	☐
2. Il ne faudrait pas que nous parlions tous à la fois.	☐	☐	☐
3. Vous croyez que ce sera difficile, c'est bien ça ?	☐	☐	☐
4. Je crois que nous nous écartons de notre sujet.	☐	☐	☐
5. Il reste à fixer la date de la prochaine réunion.	☐	☐	☐
6. Je vous rappelle l'ordre du jour.	☐	☐	☐

3 **Voici le témoignage d'un participant à une réunion. Complétez les mentions manquantes.**

« La réunion a commencé à 9 heures précises. Comme on ne se connaissait pas, on n'a commencé par faire un _____ de _____. Ensuite, l'animatrice a pris la _____ pour présenter _____ du _____. Elle m'a demandé de tenir le rôle de _____ de _____. J'ai donc dû _____ des notes pendant toute la réunion et maintenant, je dois rédiger le _____ _____. »

Je dois rédiger le compte rendu de réunion.

SAVOIR-FAIRE

4 RÉUNION 4 : PARTICIPATION

A. EXPRIMER SON POINT DE VUE

Au cours d'une réunion, vous pouvez exprimer votre point de vue en commençant par dire : « **À mon sens…** », « **À mon avis…** », « **Je trouve que…** », « **Je pense que…** »
Voici quelques expressions utiles pour exprimer votre accord ou votre désaccord :

Vous êtes d'accord	Vous n'êtes pas d'accord
Je suis tout à fait d'accord,	Je ne suis pas de votre avis.
Je suis de votre avis.	Je ne partage pas votre point de vue.
Vous avez (absolument) raison.	Ce n'est pas vrai de dire que…
Excellente idée : nous pourrons ainsi…	Il n'a jamais été question de…

B. GARDER LA PAROLE

Si quelqu'un vous **coupe la parole** (vous interrompt), vous pouvez dire :
■ **Laissez-moi continuer, s'il vous plaît.**
■ **Vous permettez que je termine.**
■ Si vous n'y voyez pas d'inconvénient, je **voudrais terminer. Je disais donc que…**
Si vous voulez apporter une explication, dites :
■ **Je tiens à préciser que…**
■ **Je voudrais ajouter un point qui me paraît important.**

Laissez-moi continuer, s'il vous plaît !

C. COMMENT ÉTAIT LA RÉUNION ?

Deux collègues de travail parlent d'une réunion à laquelle ils viennent d'assister.
AURÉLIE : À mon avis, c'était **une perte de temps** absolue, le genre de réunion **interminable**, qui **ne débouche sur rien**. C'était terriblement **ennuyeux**.
GABRIEL : Je ne suis pas d'accord, j'ai trouvé cette réunion très **utile**, et très **productive**.
AURÉLIE : Productive ? La seule décision qu'on ait prise, c'est de fixer la date de la prochaine réunion.
GABRIEL : Pas du tout, on a **échangé nos points de vue**, tout le monde a donné son avis.
AURÉLIE : Sauf que Pauline, comme toujours, **monopolise la parole** les trois quarts du temps, et tout ce qu'elle dit **est hors sujet**.
GABRIEL : Tu exagères ! Bougon a **passé la parole** à tout le monde.
AURÉLIE : Moi, franchement, je trouve que Bougon est trop **mou**. Il devrait être plus **directif** et limiter **le temps de parole** de chacun. On n'a pas traité la moitié des points **inscrits** à l'ordre du jour et on a terminé avec une heure de retard.

EXERCICES

1   Choisissez la signification correcte.

1. Cette réunion est inutile.
- ☐ Elle ne sert à rien.
- ☐ C'est très intéressant.

2. Il monopolise la parole.
- ☐ Il garde la parole.
- ☐ On ne l'entend pas.

3. Il est trop directif.
- ☐ Il est trop mou.
- ☐ Il est autoritaire.

4. Elle ne m'a pas passé la parole une seule fois.
- ☐ Je n'ai pas pu dire un mot.
- ☐ J'ai parlé une seule fois.

5. C'est une perte de temps.
- ☐ Ça ne débouche sur rien.
- ☐ C'est une réunion productive.

6. Cette question était inscrite à l'ordre du jour.
- ☐ Cette question était prévue.
- ☐ Cette question était hors sujet.

7. Il a dépassé son temps de parole.
- ☐ Il a trop parlé.
- ☐ Il ne parle pas assez.

8. C'était une réunion interminable.
- ☐ Elle était trop longue.
- ☐ On est allé trop vite.

2   Associez les deux parties de la phrase.

1. Permettez-moi au moins de   ⇒ **c**
2. Ce n'est pas vrai de dire que   ⇒ ...
3. Il n'a jamais été question de   ⇒ ...
4. Je ne pense pas que   ⇒ ...
5. Je souhaiterais ajouter   ⇒ ...

a. un dernier point.
b. nous ne faisons rien de la journée.
c. terminer ma phrase.
d. renoncer à ce projet.
e. ce soit la meilleure solution.

3   Voici des extraits d'un échange entre deux participants à une réunion. Les répliques sont dans le désordre. Mettez dans l'ordre les répliques de l'extrait 1, puis celles de l'extrait 2.

■ *Extrait 1*

☐ Insister ? Mais pourquoi voulez-vous… ?

☐ À mon sens, il faudrait insister et…

☐ Laissez-moi terminer, s'il vous plaît. Je disais qu'il faudrait insister et je suis sûr qu'on y arrivera.

■ *Extrait 2*

☐ On ferait mieux de laisser tomber.

☐ Je veux dire qu'il faut être réaliste, on a perdu trop de temps sur cette affaire.

☐ Que voulez-vous dire par là ?

5 TÉLÉPHONE 1 : PRÉPARATIFS

A. AUTOUR DU TÉLÉPHONE

Il y a plusieurs façons de dire qu'on téléphone : on peut **téléphoner à** quelqu'un, **appeler** quelqu'un, **passer un coup de fil (un coup de téléphone) à** quelqu'un. **Le coût** (prix) de **la communication téléphonique** dépend de l'heure de votre **appel**.

Si vous entendez **la sonnerie** de votre téléphone, c'est que vous **recevez** un appel.

Aujourd'hui, en Europe, presque tout le monde **a le téléphone**. À la maison, les gens ont **un téléphone fixe**. Ils sortent avec leur **téléphone portable** (= **téléphone mobile**).

Dans la rue, vous trouvez des **téléphones publics**. Pour utiliser ce type de téléphone, vous entrez dans **une cabine téléphonique** et vous insérez **une carte téléphonique** dans l'appareil. Si vous cherchez **un numéro de téléphone**, consultez **l'annuaire**.

B. NUMÉROS

Vous voulez téléphoner à quelqu'un, à Paris. Vous **décrochez** le téléphone. Vous entendez **une tonalité** et vous **composez le numéro**.

Accès à l'international : 00 zéro zéro	Indicatif du pays : 33 trente trois	Indicatif de la ville : 1 un	Numéro du correspondant : 41 42 75 91 quarante et un, quarante-deux, soixante quinze, quatre-vingt-onze

C. MESSAGES TÉLÉPHONIQUES

Vous appelez Jonathan **à son domicile**. Vous **tombez sur le répondeur**. Vous entendez :
■ « Vous êtes bien chez Jonathan Pujol, au 01 41 42 75 91. Vous pouvez **laisser un message** après **le bip sonore**. »
Vous **raccrochez**, sans laisser de message.

Vous appelez **le standard téléphonique** de la société Ixtel, où travaille Jonathan. Mais **le (la) standardiste** ne répond pas et vous entendez ce message :
■ « Bienvenue chez Ixtel. Veuillez ne pas raccrocher. Vous souhaitez **accéder au menu**. **Appuyez sur la touche étoile** (*) de votre téléphone. Votre appel concerne le service technique, **faites le 1**. Votre appel concerne le service commercial, faites le 2. Vous souhaitez être **mis en relation avec** un conseiller, faites le 3. ».

Vous **composez** le numéro direct de Jonathan, à son bureau. Jonathan est **absent** et vous entendez :
■ « Votre appel a été transféré à **une messagerie vocale**. Jonathan Pujol n'est pas **disponible**. Au signal, veuillez dicter votre message. »
Après que vous avez **enregistré** votre message, vous entendez :
■ « Une fois votre message terminé, **pressez** le 1. Pour entendre votre message, pressez le 2. Pour **effacer** et enregistrer de nouveau, pressez le 3. »

E X E R C I C E S

1 Entourez la bonne réponse

1. Vous voulez ⎡appeler⎤ ⎡téléphoner⎤ à la société Ixtel, mais vous ne connaissez pas le numéro.

2. Vous ⎡consultez⎤ ⎡dictez⎤ l'annuaire téléphonique sur Internet. Vous ⎡cherchez⎤ ⎡pressez⎤ le numéro.

3. Ça y est ! Vous avez trouvé le numéro. Vous ⎡décrochez⎤ ⎡raccrochez⎤ votre appareil. Vous entendez une ⎡tonalité⎤ ⎡sonnerie⎤. Vous ⎡composez⎤ ⎡transférez⎤ le numéro.

4. Maintenant, chez Ixtel, le téléphone est en train de ⎡sonner⎤ ⎡recevoir un appel⎤.

5. La standardiste ⎡décroche⎤ ⎡raccroche⎤. « Société Ixtel, bonjour », dit-elle. Maintenant, c'est à vous de parler.

2 Écrivez les chiffres en lettres, comme dans l'exemple.

Ex. : 34 12 21 15 : trente-quatre – douze – vingt et un – quinze

72 91 31 14 : _____

67 48 09 96 : _____

17 82 54 99 : _____

3 Vrai ou faux ?

	VRAI	FAUX
1. Pour appeler l'étranger, faites d'abord le 00.	☐	☐
2. Un téléphone sans fil = un téléphone portable.	☐	☐
3. Dans tous les cas, si vous tombez sur un répondeur téléphonique, vous pouvez laisser un message.	☐	☐

4 Les opérations suivantes sont dans le désordre. Mettez-les dans l'ordre.

☐ J'ai laissé un message.

☐ J'ai raccroché.

☐ En appelant Ixtel, je suis tombé sur un répondeur.

☐ J'ai entendu un message d'accueil.

5 Pierre Dupont a enregistré le message suivant sur son répondeur téléphonique. Supprimez six mots qui vous paraissent inutiles.

Bonjour. Vous êtes bien chez Pierre Dupont. Je suis absent pour le moment. Vous pouvez laisser un message après le bip sonore. Merci.

TÉLÉPHONE 2 : PRISE DE CONTACT

A. ENTRÉE EN COMMUNICATION

Vous téléphonez à quelqu'un. Plusieurs situations peuvent se présenter :
– Le téléphone **sonne**, mais personne ne **répond** : votre **correspondant** est **absent**.
– **La ligne est occupée** : votre correspondant **est en ligne**.
– Votre correspondant répond : « **Allô !** », dit-il. La conversation peut commencer.

Bonjour, monsieur.

Pourrais-je parler à M. Pujol ? Je souhaiterais parler à M. Pujol, s'il vous plaît. Pourriez-vous me passer M. Pujol? Je voudrais parler à la personne qui s'occupe de…	C'est de la part de qui ? Qui dois-je annoncer ? Ne quittez pas, je vous le passe. Un instant, je vous prie. Je vous mets en ligne.
Allô ! M. Pujol ? Vous êtes bien M. Pujol ?	Oui, c'est lui-même. Oui, c'est bien moi.
Je suis Clara Combe, de l'agence Bontour. (C'est) Clara Combe Labat à l'appareil	Bonjour, madame, que puis-je faire pour vous ? En quoi puis-je vous être utile ? C'est à quel sujet ?

Je vous appelle au sujet de…
Je vous téléphone parce que…
J'aurais besoin d'une information…

B. ABSENT OU INDISPONIBLE

Pourrais-je parler à M. Pujol, s'il vous plaît ?	Je regrette, M. Pujol est en réunion / en déplacement / absent / en ligne pour le moment. Vous pouvez le joindre sur son portable. Le poste est occupé, voulez-vous patienter ? Son poste ne répond pas. Pouvez-vous rappeler un peu plus tard ? Voulez-vous lui laisser un message ?
Savez-vous quand je peux le joindre ? Je rappellerai plus tard. Est-ce que je peux (lui) laisser un message ? Pouvez-vous lui dire que Clara Combe a appelé ? Pouvez-vous lui demander de me rappeler ?	D'accord, c'est noté. Est-ce qu'il a votre numéro ?

1 **Choisissez la bonne réponse.**

1. Pourrais-je parler à madame Cartier ?

☐ « C'est lui-même. »

☐ « C'est de la part de qui ? »

2. Allô ! Jonathan, c'est toi ?

☐ « Je vais voir s'il est là. »

☐ « Je ne crois pas. »

3. Je suis bien dans l'entreprise Ixtel ?

☐ « C'est bien ça. »

☐ « Ixtel à l'appareil. »

4. C'est à quel sujet ?

☐ « J'aurais besoin d'une information. »

☐ « Pouvez-vous lui dire que j'ai appelé ? »

5. Ne quittez pas, je vous la passe.

☐ « C'est noté, merci. »

☐ « Merci bien. »

6. Voulez-vous patienter ?

☐ « Est-ce que je peux laisser un message ? »

☐ « Non, je préfère patienter. »

7. À quel moment est-ce que je peux la joindre ?

☐ « Pouvez-vous rappeler dans une heure ? »

☐ « Est-ce qu'elle a votre numéro ? »

8. Je regrette, elle est en déplacement pour la journée.

☐ « Je patiente encore un peu. »

☐ « Dans ce cas, je rappellerai demain. »

2 **Dites-le plus poliment.**

1. C'est qui à l'appareil ? _____

2. C'est pourquoi ? _____

3. Rappelez plus tard. _____

4. Vous attendez ? _____

5. Elle est pas là aujourd'hui. _____

3 **Complétez les mentions manquantes.**

1. Le téléphone s _____, mais personne ne répond : le correspondant est a _____ ou alors il ne veut pas répondre.

2. La l _____ est o _____ : le correspondant est en l _____ ou il a oublié de raccrocher son téléphone.

3. Je n'arrive pas à j _____ monsieur Pujol. À chaque fois que j'a _____, on me dit qu'il est en d _____ ou en r _____. Je l _____ un m _____ lui demandant de me r _____. Mais il ne me r _____ jamais. Je crois qu'il ne veut pas me parler.

7 TÉLÉPHONE 3 : COMPLICATIONS

A. J COMME JACQUES

| Madame Jirkowaskonovky | ➤ | Pourriez-vous épeler votre nom, s'il vous plaît ? |

Si vous voulez épeler un nom, vous pouvez dire, par exemple, « J comme Jacques » ou « G comme Georges ». Les mots ou expressions suivants peuvent vous être utiles :

- A = A majuscule
- a = petit a ou a minuscule
- ll = deux L
- ç = C cédille

- é = E accent aigu
- è = E accent grave
- ê = accent circonflexe
- – = tiret

- ' = apostrophe
- . = point
- / = slash
- @ = arrobas

B. MAUVAIS NUMÉRO

| Monsieur Tissot ? | ➤ | Je suis désolé(e), il n'y a personne de ce nom ici.
Je crois que vous avez fait le mauvais numéro / que vous faites erreur.
Êtes-vous sûr d'avoir fait le bon numéro ? |

| Je ne suis pas au 03 86 01 22 ? | ➤ | Non, ici, c'est le 01 21. |

| Excusez-moi, j'ai dû faire une erreur.
Je me suis trompé de numéro. | ➤ | Ce n'est pas grave.
Je vous en prie. |

C. INCIDENTS TECHNIQUES

La ligne est mauvaise. Je ne vous entends pas très bien / j'ai du mal à vous entendre.
Pourriez-vous parler un peu plus fort / répéter plus lentement, s'il vous plaît ?

Allô ! Je ne sais pas ce qui est arrivé.
La communication a été coupée / nous avons été coupés.
J'ai raccroché par erreur.
J'ai appuyé sur le mauvais bouton / la mauvaise touche.

D. POUR CONCLURE

| Pouvez-vous … ? | ➤ | Vous pouvez compter sur moi.
Je lui transmettrai votre message.
Je n'y manquerai pas. |

| Merci beaucoup, au revoir. | ➤ | Au revoir. |

E X E R C I C E S

1 **Choisissez la bonne réponse.**

1. Pourriez-vous parler un peu plus fort, s'il vous plaît ?

   ☐ « Bien sûr, est-ce que vous m'entendez mieux maintenant ? »

   ☐ « Ce n'est pas grave. »

2. Dites-lui simplement que j'ai appelé.

   ☐ « Vous pouvez compter sur moi. »

   ☐ « Je crois que nous avons été coupés. »

3. J'ai dû faire une erreur, excusez-moi.

   ☐ « Je vous en prie. »

   ☐ « Je n'y manquerai pas. »

4. Je crois que vous avez fait un mauvais numéro.

   ☐ « Je ne suis pas chez Manuela ? »

   ☐ « Désolé, j'ai raccroché par erreur. »

2 **Voici des extraits de quatre entretiens téléphoniques. Les répliques sont dans le désordre. Mettez-les dans l'ordre.**

■ *Entretien 1*

☐ C'est de la part de qui ?

☐ Bien sûr, 0-G-E-R.

☐ Excusez-moi, pouvez-vous épeler votre nom, s'il vous plaît ?

☐ Pierre Oger.

■ *Entretien 2*

☐ Non, ici, c'est le 73 38.

☐ Je vous en prie.

☐ Excusez-moi.

☐ Je ne suis pas au 04 22 72 38 ?

■ *Entretien 3*

☐ Pouvez-vous lui dire que la réunion de jeudi est annulé ?

☐ Pourriez-vous lui transmettre un message ?

☐ Vous pouvez compter sur moi.

☐ Bien sûr.

■ *Entretien 4*

☐ Non, vous êtes au Ministère des transports.

☐ Je crois que vous faites erreur.

☐ Allô, Jonathan ?

☐ Je ne suis pas chez Jonathan ?

3 **Complétez les mentions manquantes.**

1. J comme _____ ou G comme _____ ?

2. Ah bon ? Je ne _____ pas _____ Ixtel ?

3. La _____ n'est pas très bonne, j'ai du _____ à vous entendre.

4. J'ai dû _____ tromper _____ numéro, excusez-moi.

8

TÉLÉPHONE 4 : RENDEZ-VOUS

A. PRENDRE RENDEZ-VOUS

On ne prend pas rendez-vous de la même manière selon qu'il s'agit d'un rendez-vous professionnel ou d'un rendez-vous entre amis.

■ *Rendez-vous professionnel*

– Quel jour vous **conviendrait** ?
– Lundi prochain, **ça m'arrangerait**. Vers 11 heures, **si possible**.
– Je regrette, mais je ne suis pas **disponible** à cette heure-là. **Que diriez-vous de** lundi après-midi ? **Je peux vous proposer** 14 H 00.
– Un peu plus tard, **c'est possible** ?
– Est-ce que 16 heures **vous irait** ?
– **C'est parfait.**

■ *Entre amis*

– **On pourrait se voir** ?
– Oui, si tu veux. Quand ça ?
– Demain soir, **t'es libre** ?
– **Ça ne m'arrange pas** vraiment. Mardi, **tu pourrais** ?
– À quelle heure ?
– À dix heures, **ça te va** ?
– Je préférerais 9 heures.
– **D'accord, ça marche.**
– **On dit** « mardi, 9 heures », alors.

B. DÉPLACER UN RENDEZ-VOUS

Vous changez l'heure ou la date de votre rendez-vous si **vous avez un empêchement** = **un contretemps** (quelque chose qui vous empêche d'être présent au rendez-vous). Par exemple, vous **êtes pris(e)** = occupé(e). Vous êtes même **débordé(e)** = très occupé(e). Vous pouvez aussi être **en déplacement** (en voyage), **en réunion**, etc.

■ *Comment avancer l'heure*

– **J'ai un rendez-vous** à 11 heures avec monsieur Pujol. Serait-il possible de le **déplacer** ?
– Voulez-vous **avancer** ou **reporter** le rendez-vous ?
– Je voudrais l'**avancer** d'une heure.
– Voulez-vous **fixer le rendez-vous** à 10 heures, alors ?
– C'est ça, 10 heures.
– **Pas de problème**, madame, **c'est noté.**
– **Formidable**, merci bien.

■ *Comment reporter un rendez-vous*

– Est-ce qu'on pourrait reporter le rendez-vous au lendemain ?
– Un instant, s'il vous plaît, je **consulte son agenda**…. Malheureusement, **ça ne va pas être possible**, monsieur Pujol est pris toute la journée.

■ *Comment annuler un rendez-vous*

– J'ai un empêchement, je serai en déplacement toute la semaine.
– Si je comprends bien, vous souhaitez **annuler** votre rendez-vous. Voulez-vous **prendre un autre rendez-vous** tout de suite ?
– Malheureusement, **je n'ai pas mon agenda sur moi**. **Je rappellerai** la semaine prochaine.

1 Voici l'extrait d'un entretien téléphonique. Les répliques sont dans le désordre. Mettez-les dans l'ordre.

☐ Quel jour vous arrangerait ?

☐ Le mieux, pour moi, serait mercredi à la même heure.

☐ C'est entendu, monsieur Bertin, mercredi 12, à 10 heures.

☐ Je voudrais reporter le rendez-vous.

2 Choisissez deux réponses possibles.

1. Pourrait-on reporter le rendez-vous à la semaine prochaine ?

☐ « Je vous rappellerai le mois prochain. »

☐ « Je regrette, ça ne va pas être possible. »

☐ « Malheureusement, je serai en déplacement toute la semaine. »

2. Demain, t'es libre ?

☐ « À quelle heure ? »

☐ « P comme Pierre. »

☐ « Ça dépend pourquoi. »

3. Que diriez-vous de jeudi à 14 heures ?

☐ « C'est parfait. »

☐ « J'aimerais autant 14 heures. »

☐ « Ça ne m'arrange pas du tout. »

4. Je souhaiterais avancer un peu l'heure. Est-ce que c'est possible ?

☐ « À 10 heures, vous seriez disponible ? »

☐ « Un instant, je consulte son agenda. »

☐ « C'est noté. »

3 Complétez les mentions manquantes de cet entretien téléphonique.

– Quel jour vous c _____, monsieur ?

– Je n'ai pas mon a _____ sur moi.
Est-ce que je peux vous r _____ ?

– Oui, bien sûr, nos bureaux sont ouverts jusqu'à 18 heures.

– Je vous r _____ d'ici une heure.

– Très bien, monsieur, à tout à l'heure, alors.

ÉCRIT 1 : LETTRE D'AFFAIRES

A. PRÉSENTATION

Nathalie Lefranc travaille dans la société Ixtel. Elle explique comment on rédige une lettre d'affaires en France :

« Pour écrire une lettre, c'est facile.
– Vous prenez une **feuille blanche de format A4** (21 x 29,7cm). En **en-tête** se trouve le nom de **l'expéditeur**. Il y a d'autres informations concernant l'expéditeur tout en bas de la page.
– Écrivez le nom et l'adresse du **destinataire** en haut, à droite.
– **L'objet** indique brièvement le motif de la lettre. Ecrivez le nom sans article.
– Pensez à faire des **marges** sur les côtés. Faites beaucoup de **paragraphes**.
– Bien sûr, n'oubliez pas de **signer**. »

> **IXTEL**
> CONSEIL INFORMATIQUE
>
> Société RENAUDIN
> 67 boulevard Farge
> 69007 LYON
>
> Lyon,
> le 16 mars 2010
>
> Objet :
> *Projet Omega*
>
> **Madame, Monsieur,**
> **Nous avons bien reçu ce jour votre** lettre du 3 mars **concernant**…
> **Nous vous prions de bien vouloir**…
> **Nous vous remercions par avance.**
> **Veuillez recevoir, Madame, Monsieur, nos salutations distinguées.**
>
> *Nathalie Lefranc*
>
> Nathalie LEFRANC
> Chef de projet
>
> Société anonyme
> au capital
> de 60 000 €
> 2, rue Bichat
> 69002 Lyon
> RCS Lyon B 997 657 009

B. TITRE DE CIVILITÉ

Dans **le titre de civilité**, n'indiquez pas le nom de famille du **correspondant**. Écrivez simplement « **Madame** » ou « **Monsieur** ». Si vous envoyez votre lettre à une société, et pas à quelqu'un en particulier, écrivez « **Madame, Monsieur,** ».
Vous devez reprendre le titre de civilité à la fin de la lettre, dans la formule de politesse.

C. CONTENU

Il se compose d'**une introduction**, d'**un développement**, d'**une conclusion**, d'**une formule de salutations**. Vous pouvez employer le « je » ou le « nous », mais pas « je » et « nous » dans la même lettre.

Dans l'introduction, commencez par faire référence à ce qui s'est passé. Par exemple :
■ **Je fais suite à** notre entretien téléphonique du 3 mars.
■ **Nous vous remercions de** votre lettre du 3 mars.

Dans le développement, on transmet une information et / ou on formule une demande. Voici des expressions extraites de différentes lettres :
■ **Nous vous prions de bien vouloir** nous adresser… = **Nous vous demandons de**…
■ **Nous sommes heureux de** vous informer… = **Nous avons le plaisir de**…
■ **Nous avons le regret de** ne pas pouvoir… = **Nous regrettons de**…

La formule de salutations est souvent précédée d'une conclusion (une attente, un espoir, des remerciements, etc.). Par exemple : « **Dans l'attente de votre réponse,** je vous prie de recevoir… »

E X E R C I C E S

1 Regardez l'extrait de lettre ci-contre. Il y a trois erreurs. Quelles sont ces erreurs ?

1. _____

2. _____

3. _____

MOBILIA
Location de mobilier

Sarah GIBERT
72 rue Beaulieu
14000 CAEN
Le 7 juin 2010, Caen

Objet :
La table de ping pong

Madame Gibert,

2 Voici des phrases extraites de différentes lettres d'affaires. Les mots sont dans le désordre. Mettez-les dans l'ordre, en ajoutant la ponctuation.

1. Nous avons bien reçu / sur / la nouvelle collection / votre documentation / ce jour

2. Avec mes remerciements / Monsieur / distinguées / recevoir / je vous prie de / Madame / mes salutations

3. Nous regrettons de / que nous ne pouvons / répondre favorablement / vous informer / malheureusement pas / à votre demande

3 Voici des phrases extraites de différentes lettres. Complétez les mentions manquantes.

1.
Nous avons le _____ de vous faire savoir qu'il ne nous sera malheureusement pas possible de nous rendre à votre aimable invitation.

2.
Nous faisons _____ à votre demande d'information _____ le projet Omega.

3.
Je vous demande de bien _____ m'indiquer vos meilleurs prix.

4.
Nous vous _____ de votre courrier du 12 octobre.

5.
Je reste dans l' _____ de votre réponse et vous _____ de recevoir, Monsieur, mes meilleures salutations.

ÉCRIT 2 : COURRIER ÉLECTRONIQUE

A. E-MAIL, COURRIER ÉLECTRONIQUE, COURRIEL ?

Le terme « **e-mail** » ou « **mail** » désigne à la fois le message électronique (un e-mail), le moyen de communication (par e-mail) et l'adresse elle-même (« Passe moi ton e-mail). On dit aussi « **courrier électronique** ». Les Québécois parlent de « **courriel** ».

B. ÉCRIRE

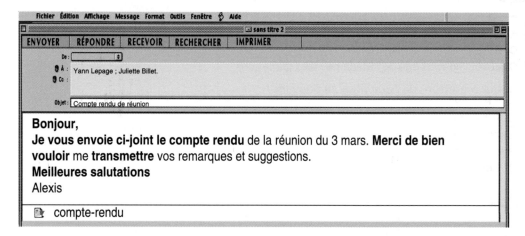

Pour demander, vous pouvez écrire :
- **Merci de (bien vouloir)** m'envoyer…
- **Pourriez-vous / Pouvez-vous** m'envoyer… ?

Pour saluer, vous pouvez écrire, du plus formel au moins formel :
- **Meilleures salutations**
- **Cordiales salutations / Cordialement**
- **Bien à vous / Bien à toi**

C. ENVOYER

Pour envoyer un courrier électronique, c'est facile :
– dans **la zone À, tapez** l'adresse du **destinataire** du **message** ;
– dans la zone **Cc** (**Copie conforme**), tapez l'adresse du destinataire de la copie du message ;
– dans la zone **Objet**, expliquez très brièvement pourquoi vous envoyez ce message.

Vous pouvez **insérer un document** sous forme **d'une pièce jointe**. Pour cela, **ouvrez la liste** « Insertion » et **faites un double clic** sur **l'option** « Insérer comme pièce jointe ». Pour envoyer le message, **cliquez** sur **le bouton** Envoyer .

EXERCICES

1   **Sur quel bouton cliquez-vous dans les situations suivantes ?**

1. Vous êtes devant l'écran de votre ordinateur. Vous venez d'ouvrir votre messagerie électronique.
   Vous voulez savoir si vous avez reçu du courrier. Vous cliquez sur _____ .

2. Vous venez de recevoir un message. Vous souhaitez répondre tout de suite. Vous cliquez sur _____ .

3. Vous avez écrit un message et vous êtes prêt à l'envoyer. Vous cliquez sur _____ .

4. Vous avez besoin d'une copie papier de votre message. Vous cliquez sur _____ .

5. Vous devez écrire un second message, et vous avez oublié l'adresse e-mail de votre correspondant.
   Vous cliquez sur _____ .

2   **Les paragraphes du message suivant sont dans le désordre. Mettez-les dans l'ordre.**

À :   Christine Guillard ; Yohan Bocquet

Cc :

Objet : voyage de fin d'année

☐ Il propose les destinations suivantes : l'Italie, l'Espagne, la Grèce, l'Allemagne.

☐ Cordiales salutations.

☐ Pouvez-vous faire une petite enquête dans votre service et nous indiquer quelle est la destination favorite du personnel ?

1 Bonjour,

☐ Le comité d'entreprise souhaite organiser un voyage à la fin de l'année.

☐ Merci de nous répondre avant la fin de la semaine.

3   **Vous voulez envoyer un e-mail. Un ami vous donne des conseils. A-t-il raison ? A-t-il tort ?**

	IL A RAISON	IL A TORT
1. Dans la zone À, tu écris l'adresse du destinataire.	☐	☐
2. Dans la zone Cc, tu indiques en quelques mots l'objet du message.	☐	☐
3. Pour joindre un document, tu ouvres la liste « Fichier » et tu cliques sur « Insérer comme pièce jointe. »	☐	☐
4. Finalement, pour envoyer ton message, c'est très simple, il suffit de cliquer sur « Envoyer ».	☐	☐

11

PARLER EN PUBLIC 1

A. TYPES DE DISCOURS

Faire un discours ou **prononcer un discours**, c'est **prendre la parole** devant un groupe de personnes. Un discours peut durer de quelques minutes à plusieurs heures.

Voici des exemples de différents types de discours.
■ **Une présentation** : un directeur de marketing **présente** un nouveau produit aux responsables des ventes.
■ **Un exposé** : un étudiant **fait un exposé** devant la classe.
■ **Une conférence** : **le conférencier**, professeur à la Sorbonne, **fait une conférence** qui **porte sur** les nouvelles technologies de l'information.
■ **Une conférence de presse** : le président d'une grande entreprise fait une conférence de presse devant des journalistes.
■ **Un toast** : au cours d'un cocktail, le directeur d'une entreprise **porte un toast à** la réussite d'un nouveau projet ; il fait un petit discours et propose de boire.

B. PRÉPARATIFS

Charlotte Sénéchal, consultante en entreprise, a l'habitude de parler en public. Elle explique comment elle prépare ses **interventions** :

« Je réfléchis beaucoup au **plan** de mes exposés. Mes présentations ont trois **parties** : **une introduction, un développement et une conclusion**. Le développement, en particulier, est très **structuré**, avec deux ou trois parties bien distinctes.

J'arrive toujours 15 minutes à l'avance. Je m'habitue à **la salle** et **au matériel**. Je place **le tableau, l'écran, le rétroprojecteur, l'ordinateur** à l'endroit qui me convient. Je teste **le micro.**»

C. INTRODUCTION

Charlotte Sénéchal explique à un groupe d'hommes et de femmes d'affaires comment devenir **un intervenant** efficace. Voici comment elle commence son exposé.

1. Elle indique **le sujet** de son intervention.

Je **vous parlerai des** conditions de réussite d'une présentation.

2. Elle dit pourquoi c'est un sujet intéressant.

C'est un sujet important parce que vous avez souvent l'occasion d'**intervenir** en public.

3. Elle annonce **les grandes lignes** de **son plan.**

Je vous parlerai **d'abord** des conditions de fond et **ensuite** des conditions de forme.

Pour présenter une succession de faits ou d'idées, Charlotte Sénéchal utilise de nombreux mots ou expressions. Par exemple :
– pour commencer : **(tout) d'abord, en premier lieu, dans un premier temps** ;
– pour continuer : **puis, ensuite, en second lieu, dans un second temps, par la suite** ;
– pour terminer : **enfin, en dernier lieu, finalement, pour terminer.**

1   Associez chaque déclaration à la situation correspondante.

Déclarations	Situations
1. « Comme vous le voyez sur ce tableau, les ventes ont progressé de 6 %. » ⇒ …	a. Lors d'un colloque, un conférencier commence un discours.
2. « Je voudrais lever mon verre à la réussite de madame Blandin et de toute son équipe. » ⇒ …	b. Le directeur d'une entreprise présente les résultats de l'année.
3. « Il ne m'est pas facile de prendre la parole après la brillante intervention du professeur Lavigne. » ⇒…	c. Au cours d'un cocktail, un chef de projet fait un petit discours.

2   Complétez les mentions manquantes.

1. Avant de p _____ la p _____ en p _____, mieux vaut connaître quelques techniques de présentation.

2. Si la salle est grande, ne prenez pas le risque de casser votre voix, utilisez un m _____.

3. Pour intéresser le public, commencez par lui dire combien votre s _____ est important.

4. Pour guider votre public, faites un exposé s _____, en distinguant bien l'i _____, le d _____, la c _____, et annoncez tout de suite les principales p _____ du p _____.

5. Bien sûr, vous pouvez utiliser des supports visuels : le mieux est de connecter un r _____ à votre o _____.

6. Parlez toujours face au public : pendant que vous écrivez au t _____, arrêtez de parler.

3   Voici l'introduction d'une conférence sur l'avenir de l'Union européenne. Les phrases sont dans le désordre. Mettez-les dans l'ordre.

☐ Ensuite, j'examinerai les difficultés que nous rencontrons en ce moment.

☐ C'est un sujet qui est d'actualité et qui soulève beaucoup de passions.

☐ Comme vous le savez, mon intervention porte aujourd'hui sur l'avenir de l'Union européenne.

☐ Pour terminer, j'essaierai de décrire quelques scénarios possibles pour l'avenir.

☐ Tout d'abord, je ferai un bref rappel historique de la construction européenne depuis ses débuts, en 1957.

12

PARLER EN PUBLIC 2

A. CONTENU

Voici quelques recommandations de Charlotte Sénéchal pour parler en public.

■ Ayez **un objectif** clair, **traitez le sujet** annoncé.
■ Ne faites pas de **digressions** (ne vous écartez pas du sujet), allez à l'essentiel, ne dépassez pas **le temps imparti** (donné).
■ Adaptez votre langage à **l'auditoire** (= au public).
■ Racontez des **anecdotes** (petites histoires), ayez un peu d'humour.

Voici des mots ou expressions qu'un **orateur** utilise pour :
– introduire un exemple : **par exemple, je vous donne un exemple** ;
– ajouter : **de plus, en outre, aussi, également** ;
– rectifier : **en fait, en réalité, en vérité** ;
– conclure : **en conclusion, pour conclure, en définitive, finalement.**

Voici ce qu'il peut dire à la fin de son exposé :
« **Je répondrai maintenant volontiers à vos questions**. »

B. VOIX, GESTES, REGARD

■ Parlez **fort** (**à voix haute**), et au bon rythme. Respirez, parlez **distinctement**, ar-ti-cu-lez. Ne soyez pas **monotone**, mettez de **l'intonation** dans votre voix.
■ **Faites des pauses**, des silences. Pour **mobiliser l'attention**, arrêtez-vous de parler pendant quelques secondes. Un petit silence peut réveiller ceux qui dorment.
■ Ouvrez vos bras en direction de l'auditoire.
■ Regardez l'auditoire. Posez votre regard sur chaque personne.
■ Soyez **détendu** (pas nerveux) et **gardez le contact avec** le public.

C. FACE AUX PERTURBATEURS

Avant de prendre la parole en public, beaucoup de personnes **ont le trac**. Elles ont peur des réactions du public. Pour faire face aux **perturbateurs** (les personnes qui dérangent), voici ce que Charlotte Sénéchal recommande.

■ **Les retardataires** : s'ils sont bruyants, arrêtez-vous de parler jusqu'à ce qu'ils soient installés.
■ **Les bavards** : demandez-leur s'ils ont des remarques à formuler.
■ **Les contestataires** : écoutez-les avec attention et sérieux, et répondez-leur calmement.
■ **Les somnolents** : s'ils sont nombreux à **somnoler** (dormir), vous devez trouver le moyen de les réveiller.

PARLER EN PUBLIC 2

1 **Complétez les mentions manquantes.**

Julia Lepage est une bonne oratrice.

1. On comprend facilement où elle veut aller, son o _____ est clair.

2. Le c _____ est adapté au s _____ annoncé et répond aux attentes de l'a _____.

3. Elle ne cherche pas à trop dire, elle respecte le temps i _____.

4. Elle raconte des a _____, mais elle ne fait pas de d _____ inutiles.

2 **Associez.**

Arthur Le Breton n'est pas un bon orateur.

1. Il n'est pas à l'aise, il semble nerveux, on dirait qu'il a peur. ⇒ **b**

2. Les auditeurs n'ont pas le temps de prendre des notes. ⇒ …

3. Il parle toujours sur le même ton, il finit par endormir le public. ⇒ …

4. Il ne respire pas. Du début à la fin, il parle sans s'arrêter. ⇒ …

5. Il est assis, immobile, les bras croisés sur la table. ⇒ …

6. Ses yeux fixent quelque chose au plafond. ⇒ …

7. Les gens assis au fond de la salle n'arrivent pas à l'entendre. ⇒ …

8. Il avale ses mots, et ce qu'il dit est difficilement compréhensible. ⇒ …

a. Il parle trop vite.

b. Il a le trac.

c. Il n'articule pas.

d. Il ne bouge pas.

e. Son discours est monotone.

f. Il ne fait pas de pause.

g. Il ne parle pas assez fort.

h. Il ne regarde pas le public.

3 **Complétez les mentions manquantes avec *en outre, en fait, par exemple, pour conclure.***

1. Elle devait prendre longuement la parole pendant la réunion. _____, elle n'a pas dit un mot.

2. Il connaît bien son sujet. _____, c'est un excellent orateur.

3. La salle de conférence est en mauvais état. _____, de nombreux sièges sont cassés.

4. _____, je dirais que pour bien parler en public, mieux vaut connaître les techniques dont j'ai parlé au cours de cet exposé.

13

NÉGOCIATION 1 : SITUATIONS

A. TYPES DE NÉGOCIATIONS

La négociation est une suite d'**entretiens** (discussions), d'échanges de **points de vue** (opinions), de demandes. Le but de la négociation est de **parvenir** (arriver) **à un accord**, de **conclure une affaire**. Une personne qui **mène une négociation** est **un négociateur** ou **une négociatrice**.

Il y a de nombreux types de négociation. Exemples : **une négociation commerciale** entre un vendeur et un acheteur, **une négociation diplomatique** entre plusieurs États, **une négociation salariale** entre la direction d'une entreprise et un syndicat, etc.

Une négociation internationale

B. AVANCÉE DE LA NÉGOCIATION

À l'ouverture de (= au début de) la négociation, les négociateurs **font connaissance**. Ils cherchent à **engager** = **entamer** = **débuter** la négociation dans **un climat de confiance**. Ensuite, la négociation **progresse** = elle **est en bonne voie**. Bientôt, elle est sur le point d'**aboutir** = de **réussir**.

Certaines négociations sont longues et difficiles. Les **rapports** (les relations) sont **conflictuels** = les négociateurs **sont en conflit**. À tout moment, une négociation peut **capoter** = **échouer** (= ne pas réussir). Quand personne ne veut **céder** = **faire des concessions** (abandonner un point de la discussion), la négociation ne peut plus **avancer**. Il y a un **blocage**. On dit que la négociation est **dans l'impasse**.

Dans certains cas, on est obligé de **rompre** la négociation = la négociation **est rompue**. On parle alors d'**échec** de la négociation. C'est dommage, car il est toujours préférable de régler un conflit **par la voie de la négociation.**

C. CONDITIONS DE RÉUSSITE

Nolwen Lepage est **agent immobilier**. C'est une négociatrice **avertie** (expérimentée). Voici ses conseils pour mener une bonne négociation :

« D'abord, vous devez bien vous préparer : pensez à vos **objectifs**, analysez les **enjeux** (ce que vous voulez gagner ou perdre), évaluez vos **forces** et vos **faiblesses**, prenez des informations (sur le produit, sur votre **interlocuteur**, etc.).
– **Faites le point** des problèmes à **résoudre**.
– **Mettez-vous d'accord** avec votre interlocuteur sur la façon de **traiter** les problèmes.
– **Questionnez**-le sur sa vision du problème. Ecoutez-le.
– Si nécessaire, **faites** un peu de **chantage** (« Si vous ne faites pas ceci, vous n'obtiendrez pas cela »), mais n'essayez pas de le **tromper**. »

E X E R C I C E S

1 Les situations suivantes POURRAIENT-ELLES être des situations de négociation ?

	OUI	NON
1. Vous achetez une voiture.	☐	☐
2. Vous vendez votre voiture.	☐	☐
3. Vous voulez obtenir une augmentation de salaire.	☐	☐
4. Vous discutez avec un collègue de travail.	☐	☐
5. Vous êtes au téléphone avec votre cousine.	☐	☐
6. Vous êtes seul au bureau en train de lire votre journal.	☐	☐

2 Complétez les mentions manquantes.

1. La négociation a d _____ à 9 heures précises.

2. Deux heures plus tard, à 11 heures, Félix Cointre, l'un des n _____, déclare que la négociation est en b _____ v _____ et que les entretiens se poursuivent normalement.

3. À 15 heures, coup de théâtre : Félix Cointre explique que les r _____ sont devenus extrêmement c _____. « J'ai peur que nous soyons dans une i _____, *précise-t-il*, personne ne veut c _____ quoi que ce soit, nous aurons beaucoup de mal à p _____ à un accord ».

4. À 17 heures 20, Félix Cointre annonce que la négociation est définitivement r _____.

3 Vrai ou faux ?

	VRAI	FAUX
1. Au travail, nous avons souvent l'occasion de négocier.	☐	☐
2. Il faut réfléchir à ses objectifs avant de négocier.	☐	☐
3. On perd du temps à analyser les enjeux.	☐	☐
4. Au début, il est important d'établir un climat de confiance.	☐	☐
5. Mieux vaut contester dès le départ ce que dit l'autre.	☐	☐
6. Il ne suffit pas de questionner, il faut aussi écouter les réponses.	☐	☐
7. Il ne faut jamais faire le moindre chantage.	☐	☐
8. Il est utile de faire le point de temps en temps sur les progrès de la négociation.	☐	☐
9. Un bon négociateur ne fait jamais de concession.	☐	☐
10. Au cours d'une négociation, il vaut mieux montrer ses forces et dissimuler (cacher) ses faiblesses.	☐	☐

14 NÉGOCIATION 2 : STRATÉGIES

Selon Nolwen Lepage, une experte
de la négociation, les négociateurs peuvent
adopter une stratégie **compétitive**
ou une stratégie **coopérative**.

A. COMPÉTITION

Nolwen Lepage : « Quand les négociateurs
jouent **la compétition**, ils acceptent
de **s'asseoir à la table de négociation**,
mais ils ne **se font** pas **confiance**. Ils cherchent
à **maximiser** leurs **gains**, c'est-à-dire à augmenter
au maximum ce qu'ils gagnent. Leur relation
est basée sur un **rapport de force** : le plus fort
gagne. Après la négociation, **la partie
perdante** cherche, si elle le peut, à **remettre
en cause** (= à ne pas appliquer) **l'accord.** »

Stratégie compétitive

B. COOPÉRATION

Nolwen Lepage : « Si les négociateurs décident
de **coopérer,** ils vont essayer de **réaliser
un projet en commun**. Ils se font
mutuellement confiance. Ils souhaitent
instaurer une relation à long terme, et non
pas **à court terme**. Ils **font des concessions**
pour arriver à **un compromis** (un arrangement).
Ils ne cherchent pas à **imposer** (faire accepter
par la force) leurs solutions. Finalement,
il n'y a pas de **perdant**. Tout le monde gagne
quelque chose. C'est une stratégie **gagnant-
gagnant**.»

Stratégie coopérative

C. CHOISIR SA STRATÉGIE

Nolwen Lepage parle de son **expérience** :

« Je cherche d'abord à connaître **la position** de l'autre. Au cours de la négociation,
je n'hésite pas à changer de stratégie selon les circonstances. Une stratégie n'est pas
statique : elle peut évoluer.

Dans la dernière négociation que j'ai **menée**, mon interlocuteur et moi-même sommes
tout de suite **tombés d'accord** pour coopérer. Tout au long de la négociation, nous avons
cherché à **calmer les tensions**, à **minimiser** (diminuer le plus possible) les obstacles.
Plusieurs fois, **je suis revenu sur ma position** (j'ai changé d'avis). Finalement, nous avons
trouvé **un terrain d'entente** (une position commune). Nous avons réussi à **passer
une transaction** (un contrat) **avantageuse** pour les deux parties. »

E X E R C I C E S

1 Compétition ou coopération ?

	COMPÉTITION	COOPÉRATION
1. Les parties sont adversaires.	☐	☐
2. On cherche un terrain d'entente.	☐	☐
3. On essaye de trouver un accord.	☐	☐
4. On veut se montrer le plus fort.	☐	☐
5. On fait confiance.	☐	☐
6. On fait des concessions.	☐	☐
7. On menace.	☐	☐
8. On fait son possible pour éviter les tensions.	☐	☐
9. On souhaite entretenir des relations à long terme.	☐	☐

2 Complétez les mentions manquantes avec les mots suivants :

compromis – gains – intérêts – partie – projet – relation – stratégie – transaction

1. Ils réalisent ensemble un grand _____.

2. Elle cherche à maximiser ses _____.

3. Ils ont passé une _____.

4. Ils ont trouvé un _____.

5. Ils veulent instaurer une _____ durable.

6. Elle a brusquement changé de _____.

7. Elle représente la _____ adverse.

8. Nous essayons de respecter les _____ de tout le monde.

3 Remplacez les mots barrés par les mots qui conviennent.

1. Ils se sont assis à la ~~chaise~~ _____ de négociation.

2. Il cherche à ~~refaire~~ _____ en cause l'accord qui a été passé.

3. Ils n'ont pas réussi à ~~se porter~~ _____ d'accord.

4. Elle est têtue : elle ne revient jamais sur ~~son avis~~ _____.

5. Avant toute négociation, il faut soigneusement analyser le ~~tour~~ _____ de force.

6. À la fin d'une négociation, il y a souvent un gagnant et un ~~gagnant~~ _____.

7. Ils ne ~~s'accordent~~ _____ pas confiance.

8. Ils ont finalement trouvé ~~une terre~~ _____ d'entente.

NÉGOCIATION 3 : ENTRE CULTURES

A. SITUATION INTERCULTURELLE

Tony Fritsch, consultant, parle de la culture : « **La culture**, c'est la manière dont un groupe fait les choses. Le groupe peut être familial, professionnel, religieux, social, national, etc. Ainsi, par exemple, chaque famille, chaque métier, chaque religion a sa propre culture.

Quand des personnes appartenant à des cultures différentes se rencontrent, elles se retrouvent dans une situation **interculturelle**. La communication est parfois difficile parce que chacun a des habitudes, des **valeurs** (ce qui est vrai, beau, bien, etc.), des règles, des **comportements** (attitudes) différents. Ces différences peuvent être à l'origine de **malentendus** – on croyait se comprendre, mais on ne s'est pas compris – ou même de **conflits**. »

B. OBJECTIFS

Imaginons trois négociateurs, Jennifer, Yoshi et Félix, chacun étant le stéréotype d'une culture différente, avec ses propres priorités dans la négociation.
■ Jennifer : elle veut être **performante**, c'est-à-dire obtenir des résultats. « Je suis là pour **faire des affaires**, pour **gagner de l'argent**. », dit-elle très franchement.
■ Yoshi : il voudrait **aboutir** (arriver) **à un consensus** (= un accord mutuel), il fait son possible pour mettre tout le monde d'accord.
■ Félix : il veut que les autres remarquent combien il est intelligent.

C. COMMUNICATION

Dans une négociation, chacun a une manière différente de se comporter, de s'exprimer, de saluer, de s'habiller, etc.
■ Jennifer : elle est **pragmatique** et **directe**. Elle veut rapidement **entrer dans le vif du sujet** (parler du point essentiel). Elle pose à Yoshi des tas de questions indiscrètes. Elle est habillée (de façon) **décontractée** (relax).
■ Yoshi : il est **réservé** et **courtois** (poli). Il sourit beaucoup. Il réfléchit longtemps avant de parler. Quand il dit « Nous étudierons votre proposition », cela signifie « Votre proposition ne nous intéresse pas ».
■ Félix : En arrivant à la réunion, il **serre la main** des participants. Quand il parle, il est **logique**, **abstrait**, souvent **passionné**. Il apprécie les **déjeuners d'affaires** au restaurant.

D. PRISE DE DÉCISION

Chaque négociateur a sa manière de **prendre une décision.**
■ Jennifer : c'est **une fonceuse** (elle **agit** et décide vite) et **une battante** (elle aime se battre… pour gagner).
■ Yoshi : il a besoin de **collecter** beaucoup d'informations avant de prendre une décision.
■ Félix : il hésite, il n'aime pas **prendre de risques**, il **se méfie** des autres (= il n'a pas confiance dans les autres).

E X E R C I C E S

1　À quelle culture se réfère chacune des situations suivantes ?

1. Chez les Dupont, on mange en regardant la télévision. ⇒ **c**　　　　　**a.** Nationalité
2. Comme tous les Français, il est arrivé en retard à la réunion ⇒ …　　　**b.** Profession
3. Avant d'ouvrir la négociation, ils ont fait une prière. ⇒ …　　　　　　**c.** Famille
4. Les deux négociateurs, deux grands et riches bourgeois, s'entendent très bien. ⇒ …　　**d.** Religion
5. Un colloque scientifique international se tient en ce moment à Bruxelles. ⇒ …　　**e.** Entreprise
6. Dans cette banque, tous les hommes portent un costume noir. ⇒ …　　**f.** Milieu social

2　Associez.

1. Entrer　⇒ …　　　**a.** la main
2. Serrer　⇒ …　　　**b.** des résultats
3. Prendre　⇒ …　　　**c.** à un consensus
4. Faire　⇒ …　　　**d.** dans le vif du sujet
5. Obtenir　⇒ …　　　**e.** des affaires
6. Aboutir　⇒ …　　　**f.** une décision

3　Trouvez le mot manquant à la **page ci-contre.**

1. – Je le trouve un peu hypocrite, pas toi ?
   – Ah bon ? Moi, au contraire, je le trouve toujours franc et _____.

2. – Elle voit toujours le côté pratique des choses.
   – Tu as raison, c'est quelqu'un de _____.

3. – C'est un intellectuel, il n'a pas l'esprit très concret.
   – C'est vrai, tout ce qu'il dit est _____.

4. – Est-ce qu'il se laisse décourager facilement ?
   – Absolument pas, les obstacles ne lui font pas peur, c'est un _____.

5. – Il se contredit sans arrêt, un jour il dit « blanc », un autre jour il dit « noir ».
   – Je suis d'accord avec toi, il n'est pas très _____.

6. – C'est un grossier personnage, il manque totalement d'éducation.
   – Avec moi, au contraire, il s'est toujours montré poli et _____.

7. – Il fait les choses trop vite, il devrait réfléchir un peu avant d'agir.
   – On ne le changera pas, c'est un _____.

16 TYPES D'ENTREPRISES 1

A. AUTOUR DE L'ENTREPRISE

Une entreprise produit et **vend** des **biens** et / ou des **services dans un but lucratif** (= pour gagner de l'argent).

Dans certains cas, on utilise les mots suivants pour désigner une entreprise :
– **Une firme** : c'est une grande entreprise.
– **Une exploitation** : **exploitation agricole, exploitation minière,** etc.
– **Une compagnie** : **compagnie d'assurances, compagnie d'aviation, compagnie de navigation, compagnie de chemin de fer,** etc.
– **Une agence** : **agence de publicité, agence matrimoniale, agence de voyage, agence immobilière,** etc.

Une entreprise peut avoir plusieurs **établissements**, situés à des endroits différents.

Un établissement est **une unité de production** (ex. : **une usine**) ou **une unité commerciale** ou **administrative** (= **une succursale**) qui appartient à l'entreprise, mais qui fonctionne de façon relativement indépendante.

Une exploitation agricole

NOTE : Le mot « **société** » est un terme juridique. L'économiste parle de l'entreprise Dupont alors que le juriste préfère parler de la société Dupont.

B. TAILLE DES ENTREPRISES

Pour mesurer **la taille** (= la dimension) d'une entreprise, on utilise généralement deux critères : **le chiffre d'affaires** et le nombre de **salariés** (travailleurs).

Le chiffre d'affaires est le total des ventes d'une période déterminée. Le chiffre d'affaires annuel correspond à toutes les ventes réalisées par l'entreprise pendant un an. Plus le chiffre d'affaires est élevé, plus l'entreprise est grande.

Selon le nombre de salariés, on peut distinguer :
– les **très petites entreprises** : moins de 10 salariés ;
– les **petites entreprises** : de 10 à 50 salariés ; } Les **PME** (petites et
– les **moyennes entreprises** : de 50 à 500 salariés ; moyennes entreprises)
– les **grandes entreprises** : plus de 500 salariés.
On parle même d'**entreprises géantes**. On dira, par exemple, que la société IBM est **un géant de** l'informatique.

Une entreprise locale est une entreprise qui exerce ses activités dans une région déterminée. **Une entreprise multinationale** = **une multinationale** est présente dans plusieurs pays.

1   **Vrai ou faux ?**

	VRAI	FAUX
1. Un établissement peut avoir plusieurs entreprises.	☐	☐
2. Une entreprise peut avoir plusieurs succursales.	☐	☐
3. Un employé de bureau travaille généralement dans une usine.	☐	☐
4. IBM est à la fois une entreprise et une société.	☐	☐

2   **Parmi les « organismes » suivants, soulignez ceux qui sont des entreprises.**

■ La Croix-Rouge   ■ Un hôtel   ■ Un hôpital public

■ Le Ministère de la Défense   ■ Toyota   ■ Une compagnie d'assurance

3   **Associez.**

1. Une exploitation   ⇒ ...   **a.** d'aviation

2. Une compagnie   ⇒ ...   **b.** agricole

3. Une agence   ⇒ ...   **c.** informatique

4. Une entreprise   ⇒ ...   **d.** de publicité

4   **Complétez les mentions manquantes.**

Il existe des entreprises de toutes tailles. Par exemple, la boulangerie du coin de la rue est une entreprise, tout comme la m _____ qui emploie des milliers de s _____ et qui réalise des centaines de millions d'euros de c _____ d'a _____ par an dans le monde entier. Aujourd'hui, les entreprises sont de plus en plus g _____. Certaines sont même devenues des entreprises g _____. Mais de nombreuses p _____ et m _____ entreprises (les P _____) restent encore très dynamiques.

Une très petite entreprise

17 TYPES D'ENTREPRISES 2

A. ACTIVITÉS DES ENTREPRISES

L'exploitation agricole	C'est une ferme. On y **cultive** des légumes, des fruits, des céréales, etc. On peut aussi y pratiquer **l'élevage**.
L'entreprise industrielle	Elle transforme et fabrique des biens matériels en grandes quantités. Ex. : **une entreprise automobile**, **une entreprise agroalimentaire** (Danone).
L'entreprise artisanale	Une personne, **l'artisan**, travaille **pour son propre compte** en exerçant **un métier** (travail) **manuel** (avec les mains). L'artisan est **un ouvrier qualifié** (= qui a reçu **une formation professionnelle** particulière). Il peut être aidé par un **apprenti** (une personne **en apprentissage** = qui apprend **le métier**). Ex. : **un plombier, un menuisier, un tailleur,** etc.
L'entreprise commerciale	Elle achète et vend des biens *sans* les transformer. Ex. : **une épicerie, un supermarché, une librairie,** etc.
L'entreprise de services	Elle vend des services. Exemples : **une agence de voyage, une entreprise de transport,** etc.

B. À QUI APPARTIENNENT LES ENTREPRISES ?

Une entreprise publique appartient à l'État. Son rôle principal est de **rendre un service public.** Ex. : **une entreprise de transport public** comme la SNCF (Société Nationale des Chemins de Fer). La notion de service public est différente selon les pays : cela dépend de la place de l'État dans l'activité économique.

Une entreprise privée appartient :
– soit à une seule personne : on parle alors d'**entreprise individuelle**,
– soit à plusieurs personnes qui **s'associent** pour créer **une personne juridique**, qu'on appelle **une société** ; la société est alors propriétaire de l'entreprise.

NOTE : **une entreprise familiale** est une entreprise qui appartient à une famille.

Comme chaque pays a son propre système juridique, les types de société diffèrent d'un pays à l'autre. Selon le pays où se trouve **le siège socia**l (= l'adresse principale de la société), on parlera de **société de droit japonais**, de **société de droit allemand**, etc.

À l'intérieur d'un même pays, il existe de nombreux types de sociétés. En France, par exemple, une entreprise peut avoir **la forme d'**une **société anonyme (SA)**, d'une **société à responsabilité limitée (SARL)**, d'une **société en nom collectif (SNC)**, etc.

Une entreprise privée peut être **nationalisée** (= achetée par l'État) et une entreprise publique peut être **privatisée** (= vendue par l'État). En France, à certaines époques (1945, 1981), il y a eu beaucoup de **nationalisations**. À d'autres époques (à partir de 1996), au contraire, il y a eu des **privatisations**.

EXERCICES

1 Vrai ou faux ?

	VRAI	FAUX
1. Air France est une entreprise industrielle.	☐	☐
2. Carrefour est une entreprise commerciale.	☐	☐
3. Un petite boulangerie est une entreprise artisanale.	☐	☐
4. Nestlé et Danone sont des exploitations agricoles.	☐	☐

2 Associez.

1. société ⇒ ...
2. siège ⇒ ...
3. entreprise ⇒ ...
4. personne ⇒ ...
5. transport ⇒ ...
6. métier ⇒ ...

a. individuelle   **d.** manuel
b. public   **e.** social
c. anonyme   **f.** juridique

3 Voici un extrait de trois différents entretiens. Complétez les mentions manquantes.

■ *Entretien 1*

– Vous travaillez chez un artisan plombier, n'est-ce pas ?

– Oui, c'est exact, mais pour le moment, j'apprends le _____, je suis seulement un _____.

– Combien de temps dure l' _____ ?

– Trois ans, et après je pourrai m'installer comme artisan à mon propre _____.

■ *Entretien 2*

– À votre avis, faut-il _____ les entreprises publiques ?

– Non, je ne suis pas favorable aux _____, l'État ne doit pas vendre ses entreprises.

– Alors, êtes-vous favorable aux _____ ?

– Non plus, je pense qu'il faut laisser les choses comme elles sont : les entreprises _____ doivent rester privées et que les entreprises _____ doivent rester _____.

■ *Entretien 3*

– Il y a cinq ans, mon frère et moi nous sommes _____ pour créer notre entreprise.

– Une entreprise _____, alors ?

– Exactement, c'est une affaire de famille.

– Et où se trouve-t-elle, cette entreprise ?

– Le _____ social est à Bruxelles. C'est une _____ de _____ belge.

18

SECTEURS D'ACTIVITÉ

A. ACTIVITÉ PRINCIPALE

Un secteur est un ensemble d'entreprises exerçant la même activité principale.

Mathieu, 34 ans, travaille dans un laboratoire spécialisé dans la recherche en **biotechnologie**.

« **Le laboratoire** appartient à un grand groupe **pharmaceutique**. La biotechnologie est une activité de plus en plus importante, *explique-t-il*. Pour certaines entreprises, c'est même devenu l'activité principale. »

Mathieu travaille dans le secteur pharmaceutique. Il existe bien d'autres **secteurs d'activité.** En voici quelques-uns :

Secteurs	
• **agroalimentaire** : produits alimentaires • **automobile :** automobiles • **bancaire** : banques • **immobilier** : immeubles • **informatique** : ordinateurs • **textile** : tissus, vêtements • **pétrolier** : pétrole	• **de la distribution :** grand et petit commerce • **des télécommunications :** téléphonie, services Internet • **du tourisme** : voyages, loisirs • **de l'hôtellerie** : hôtels • **de la restauration** : cafés, restaurants • **des médias** : journaux, télévision, cinéma

Certains secteurs **se portent bien** : ils sont **en pleine croissance** (ils se développent). Ce sont **des secteurs de croissance = des secteurs d'avenir = des secteurs porteurs.**

D'autres secteurs **se portent mal** : ils **sont en difficulté. **Ce sont des secteurs **en crise.**

B. PRIMAIRE, SECONDAIRE, TERTIAIRE

On peut classer **les actifs** (les gens qui travaillent) dans trois grands secteurs :
– **le secteur primaire** : activités agricoles (agriculture, forêts, pêche) et minières (extraction de matières premières. Ex. mines de charbon).
– **le secteur secondaire** : production industrielle et artisanale.
– **le secteur tertiaire** : services (transports, assurances, commerce, administrations, etc.)

Personnes au travail dans une entreprise du tertiaire

1 Les phrases suivantes sont extraites de la presse économique. À quel secteur d'activité se réfère chacune d'elles ?

Secteurs

1. Sur le site Internet de Carrefour, vous pouvez faire vos achats en ligne.   *distribution*

2. Les ventes de logements neufs sont restés très dynamiques.   _____

3. L'usine de Montluçon produit des camions et des autobus.   _____

4. Les adolescents s'habillent de plus en plus tôt en tailles adultes.   _____

5. Le laboratoire de Lyon a découvert deux nouvelles molécules dans le domaine du diabète.   _____

6. Paris reçoit annuellement 26 millions de visiteurs.   _____

7. Joël Carlier est le spécialiste incontesté de la nouvelle cuisine.   _____

8. Le plus gros fabricant d'ordinateurs au monde est américain.   _____

9. La société Fournil fabrique des viennoiseries surgelées (croissants, brioches, etc.).   _____

10. Les réserves mondiales de brut au Moyen-Orient s'élèvent à environ 360 milliards de barils.   _____

11. Le crédit reste fortement encadré par l'État.   _____

12. Un prix spécial a été décerné au film *Les images du travail à la chaîne* de Alain P. Michel.   _____

2 Dans quel secteur d'activité travaillent-ils ?

	PRIMAIRE	SECONDAIRE	TERTIAIRE
1. Un directeur d'hôtel	☐	☐	☐
2. Un employé de banque	☐	☐	☐
3. Un artisan menuisier	☐	☐	☐
4. Un ouvrier agricole	☐	☐	☐
5. Un ouvrier d'usine	☐	☐	☐
6. Un agriculteur	☐	☐	☐
7. Un chauffeur de taxi	☐	☐	☐
8. Un agent immobilier	☐	☐	☐

19

CULTURE D'ENTREPRISE 1

A. LA CULTURE D'ENTREPRISE, QU'EST-CE QUE C'EST ?

Tony Fritsch, consultant, parle de la culture d'entreprise : « L'entreprise est un groupe social avec son langage, son histoire, ses valeurs, ses interdits, ses tabous, ses rites, ses symboles, etc. Une entreprise est comme une grande famille. Dans chaque entreprise, il y a **un climat social** particulier, un « **esprit maison** », comme on dit. »

Tony Fritsch : « La manière dont **le temps de travail** est **aménagé** (organisé) est un bon indicateur de la culture de l'entreprise. »

B. GESTION DU TEMPS

Pierre Corbeau travaille chez GASS, une entreprise de 65 salariés qui fabrique des filtres à eau. Il parle des **horaires de travail** :

« Nous avons des **horaires variables** : nous pouvons arriver entre 8 heures et 10 heures du matin, et partir entre 16 et 19 heures. À chaque fois que vous arrivez ou que vous partez, vous devez **pointer** (= enregistrer l'heure). **La pointeuse** (machine qui sert à pointer) se trouve dans le hall d'entrée. Chacun est libre d'aménager **son emploi du temps** (= **planning**) comme il veut. »

L'entreprise NAVARRO est un autre fabricant de filtres à eau, mais chez Navarro il n'y a ni horaires variables ni pointeuse. Victor Michon, qui travaille chez Navarro, explique comment les choses fonctionnent :

« Nous devons arriver au bureau à 9 heures précises. Madame Fauvel, la directrice, est très stricte sur l'heure. Elle-même est toujours **ponctuelle**. Pour elle, **la ponctualité** est très importante. Les réunions commencent toujours **à l'heure prévue**, et il est très mal vu d'arriver **en retard**. Chez Navarro, **la discipline** est très stricte. On est un peu comme à l'armée.

Tous les lundis, de 9 heures à 10 heures, nous établissons l'emploi du temps **hebdomadaire** (= de la semaine). Madame Fauvel établit **un tableau** détaillé indiquant **la répartition des tâches** (travail). Notre emploi du temps est extrêmement **chargé**. Madame Fauvel dit toujours que le **temps, c'est de l'argent** et qu'**il n'y a pas une minute à perdre**. »

1 Différentes personnes parlent de l'aménagement du temps de travail dans leur entreprise. Complétez les mentions manquantes.

1.

Je peux a _____ mon t _____ de t _____ comme je veux parce que nous avons un système d'horaires v _____.

2.

Depuis qu'ils ont installé une p _____ à l'entrée, je dois travailler plus. Avant, je prenais au moins deux heures pour le déjeuner. Maintenant qu'il faut p _____, je déjeune en 30 minutes.

3.

On a tous énormément de travail, nos e _____ du t _____ sont très c _____. Mais le temps, c'est de l'a _____, comme on dit, et c'est pourquoi on ne veut pas p _____ une m _____.

4.

La p _____, chez nous, ça n'existe pas, les réunions ne commencent jamais à l'heure p _____. Mais comme tout le monde arrive en r _____, il n'y a pas de problème.

5.

Ici, vous êtes l _____ de travailler quand vous voulez, chacun a ses propres h _____ de travail, on ne vous demande même pas combien d'h _____ vous travaillez ou si même vous travaillez.

6.

Le problème, c'est que la r _____ des tâches n'est pas très précise, on ne sait pas exactement qui fait quoi.

7.

Le directeur est un ancien militaire, et il se croit encore à l'armée. Il ne tolère aucun r _____ et il nous impose une d _____ très s _____.

8.

Je travaille dans une e _____ de huit personnes. Nous avons réparti les t _____ de chacun aussi précisément que possible. Pour que tout soit clair, nous avons fait un petit t _____ qui est accroché au mur.

CULTURE D'ENTREPRISE 2

A. DISTANCE HIÉRARCHIQUE

Tony Fritch est consultant en entreprise. Il parle de deux entreprises qu'il connaît bien : la société Delattre et la société Miok.

« Dans une entreprise, **la distance hiérarchique** entre **les supérieurs** (les directeurs) et **les subordonnés** (les « inférieurs ») peut être plus ou moins longue. Chez Delattre, la distance hiérarchique est longue : les **supérieurs hiérarchiques** ont des relations **distantes** avec les employés. Par exemple, pour rencontrer le patron, un employé doit prendre rendez-vous avec la secrétaire au moins deux semaines à l'avance.

Dans l'entreprise Miok, en revanche, les supérieurs sont facilement **accessibles** : on peut les rencontrer facilement. **La hiérarchie** est **plate** : il n'y a pas beaucoup d'**échelons** (= **niveaux**) **hiérarchiques**. Le directeur général de Miok est toujours **disponible** pour écouter **ses collaborateurs**. Sa porte est tout le temps grand ouverte. »

B. SYMBOLES

Tony Fritch : « Chez Delattre, on attache beaucoup d'importance **au statut social** et particulièrement **au statut hiérarchique**.

Le directeur **occupe** un immense bureau au dernier étage d'une tour de 30 étages. Il vient au travail dans sa grosse voiture, il ne prend jamais **les transports en commun** (bus, métro, etc.). Il soigne **sa tenue vestimentaire** (vêtements) : il est très chic et porte toujours un **costume cravate**.

Quand il **est en voyage d'affaires**, il **prend l'avion en classe affaires**, jamais **en classe économique**, et bien sûr, il **descend** dans des **hôtels quatre étoiles**. »

C. LANGAGE

Dans les entreprises françaises, l'utilisation de « monsieur » ou de « madame » est un **signe** de respect et marque aussi les différences de statut hiérarchique.

Tutoyer (dire « tu ») ou **vouvoyer** (dire « vous ») n'a pas toujours une signification claire. Dans certains milieux, on **se tutoie** facilement et dans d'autres milieux, tout le monde **se vouvoie**.

Tony Fritch : « **Le tutoiement** n'implique pas nécessairement des relations **étroites**, et **le vouvoiement** ne veut pas nécessaire dire que les relations sont distantes. Chez Miok, par exemple, bien que le patron soit **proche** du personnel, tout le monde le vouvoie. »

Jacques, vous avez réservé mon vol pour Bangkok ?

Oui, madame.

1 Dans chacune des situations suivantes, dites si la distance hiérarchique est courte ou longue.

COURTE LONGUE

1. Il n'y a que trois niveaux hiérarchiques entre le grand patron et l'employé de base. ☐ ☐

2. Dans le restaurant de l'entreprise, une salle est spécialement réservée au personnel de direction. ☐ ☐

3. Les supérieurs hiérarchiques préfèrent garder une certaine distance avec leurs subordonnés. ☐ ☐

4. Pour rencontrer le directeur, il suffit de frapper à la porte de son bureau et d'entrer. ☐ ☐

5. Pour prendre rendez-vous avec madame la directrice, vous devez appeler l'un de ses trois secrétaires. ☐ ☐

6. Le directeur n'a pas de subordonnés, il n'a que des collaborateurs. ☐ ☐

2 Dites le contraire en remplaçant l'adjectif.

1. Il travaille dans un bureau *minuscule*. ⇒ *Il travaille dans un immense bureau.*

2. Ils entretiennent des relations *distantes*. ⇒ _____

3. Il est tout le temps *occupé*. ⇒ _____

4. C'est quelqu'un de tout à fait *inaccessible*. ⇒ _____

5. Elle est très *éloignée* de son personnel. ⇒ _____

6. La hiérarchie est *élevée*. ⇒ _____

3 Terminez les phrases.

1. Il fait un voyage ⇒ *e*   a. social
2. Il voyage en classe ⇒ …   b. quatre étoiles.
3. Il descend dans des hôtels ⇒ …   c. cravate
4. Il travaille en costume ⇒ …   d. affaires
5. Il surveille sa tenue ⇒ …   e. d'affaires.
6. Ils n'ont pas le même statut ⇒ …   f. en commun
7. Il prend les transports ⇒ …   g. vestimentaire

4 Complétez avec les mots suivants : *tutoyer, vouvoyer, se tutoyer, se vouvoyer*.

1. Au bureau, il est normal de _____ un collègue de travail et de _____ le directeur.

2. On pourrait _____, qu'en pensez-vous ?

3. Bien qu'ils se connaissent depuis longtemps, ils continuent de _____.

21 CROISSANCE DE L'ENTREPRISE

A. CROISSANCE INTERNE

Une entreprise **croît** ou **se développe** quand son chiffre d'affaires ou quand le nombre de ses salariés augmente.

On parle de **croissance interne** quand l'entreprise se développe par ses propres moyens.

C'est le cas, par exemple, de la société Danone, du jour de **sa création** en 1919 jusqu'aux années 60.

1919	Isaac Carasso, **le fondateur** (= **le créateur**) de la société Danone, commence **la fabrication** de yaourts dans un petit **atelier**.
1932	Isaac Carasso construit **une usine** à Levallois-Perret, dans la région parisienne.
1958	Danone **modernise** ses **installations** (= équipements) à Levallois-Perret et construit une autre usine, la plus moderne d'Europe, qui **fabrique** 200 000 pots par jour.
1960	Danone **est en plein essor** (= **en pleine croissance**). L'entreprise vend ses produits dans toute la France.

B. CROISSANCE EXTERNE

Dans le cas d'**une croissance externe**, l'entreprise se développe en rachetant d'autres entreprises. C'est le cas de Danone, après 1967.

1967	Année de **la fusion** : Danone **fusionne** avec **le fabricant** de fromages frais Gervais. L'entreprise s'appelle maintenant **Gervais-Danone**.
1973	Année de **l'absorption** : la société BSN **absorbe** (achète) Gervais Danone. L'entreprise s'appelle maintenant BSN.
1999	BSN abandonne son nom pour s'appeler Danone.
Aujourd'hui	Danone est devenu **un leader mondial** sur plusieurs **produits alimentaires**.

Danone est aujourd'hui **un groupe** de plusieurs entreprises : **une société mère**, dont **le siège** est en France, **contrôle** d'autres sociétés, appelées des **filiales**. Une filiale appartient à plus de 50 % à une société mère, mais elle est juridiquement indépendante.

Quand une société X achète une partie d'une société Y, on parle de **prise de participation** : X **prend une participation** dans Y. Si X achète la totalité ou une part **majoritaire** de Y, on parle de **prise de contrôle** : X **prend le contrôle** de Y.

Aujourd'hui, les entreprises sont de moins en moins nombreuses et de plus en plus grandes. C'est ce qu'on appelle **la concentration** des entreprises.

1 **Qu'est-ce que c'est ?**

1. C'est le lieu de travail d'un artisan.

⇒ C'est un a _____ .

2. Il a fondé une entreprise.

⇒ C'est un c _____ .

3. Cette entreprise est la première sur son marché.

⇒ Elle est l _____ .

4. Elle emploie de plus en plus de salariés.

⇒ C'est une entreprise en p _____ e _____ .

5. C'est un lieu de fabrication.

⇒ C'est une u _____ .

6. C'est lui qui fabrique.

⇒ C'est un f _____ .

7. C'est fait pour être mangé.

⇒ C'est un p _____ a _____ .

8. C'est là où se trouve l'adresse principale de la société.

⇒ C'est son s _____ .

2 **Vrai ou faux ?**

	VRAI	FAUX
1. Pour se développer, une entreprise doit nécessairement moderniser ses installations.	☐	☐
2. Une entreprise en pleine croissance, c'est une entreprise qui se développe.	☐	☐
3. Une filiale contrôle à plus de 50 % la société mère.	☐	☐
4. Une filiale est une société.	☐	☐
5. Deux sociétés X et Y qui se regroupent pour créer une société Z réalise une fusion.	☐	☐
6. Une société qui achète une autre société réalise une absorption.	☐	☐
7. En principe, une société qui absorbe une autre société change de nom.	☐	☐
8. Dans tous les cas, quand une société X prend une participation minoritaire dans une société Y, on peut dire que X prend le contrôle de Y.	☐	☐
9. Un groupe d'entreprises comprend généralement une société mère et des filiales.	☐	☐
10. De nos jours, la concentration des entreprises est le résultat (la conséquence) aussi bien de la croissance externe que de la croissance interne des entreprises.	☐	☐

22 DISPARITION DE L'ENTREPRISE

A. DÉCLARATION DE FAILLITE

Quand une entreprise ne peut plus payer ses **créanciers** (**fournisseurs**, banques, etc.), on dit qu'elle est devenue **insolvable** ou qu'elle **est en cessation de paiement**.
Elle doit **déposer son bilan** auprès du **tribunal de commerce** et le tribunal déclare que l'entreprise **est en faillite.** C'est ce qui est arrivé à Sud Marine, une entreprise de construction navale installée à Marseille.

SUD MARINE
FERME SES PORTES

Qui veut acheter Sud Marine ? Personne.
Aucun **repreneur** (= acheteur) ne s'étant présenté,
le tribunal de commerce de Marseille a **prononcé**
hier **la liquidation** (= la vente) des biens
de l'entreprise. La décision n'a surpris personne.

Depuis plusieurs années déjà, Sud Marine **tournait au ralenti** (= produisaient moins). **Le carnet de commandes** était de plus en plus vide.

L'entreprise, fortement **endettée**, avait du mal à **rembourser ses dettes.** Bref, **les affaires allaient mal.**

Il y a deux ans, Alain Tournier avait **pris la tête de** Sud Marine avec une mission très claire : **le redressement** (= le sauvetage) de cette entreprise **au bord de la faillite** (= sur le point de **faire faillite**).

« Nous redresserons rapidement l'entreprise », avait promis le nouveau **P-DG** (Président – Directeur général).

À peine arrivé, Alain Tournier avait mis en place **un plan de restructuration** : des ateliers ont été fermés, des emplois supprimés. Selon les syndicats, **ces restructurations** auraient **entraîné la suppression (perte)** de 160 emplois.

Mais ces efforts n'ont pas été suffisants. Sud Marine n'a pas pu **résister à** la crise du secteur. Au début de l'année, l'entreprise a perdu son plus **gros client.** Le plan **a échoué** (= n'a pas réussi).

Résultat : pour la quatrième année consécutive, **les comptes étaient dans le rouge** (= Sud Marine perdait de l'argent). **Son endettement** n'avait pas diminué. Bien au contraire, l'entreprise **s'était endettée** davantage.

LES AFFAIRES ONT MAL TOURNÉ

Les affaires ont donc **mal tourné** pour Sud Marine. Dans un mois, l'entreprise **cessera** (= arrêtera) **ses activités** et fermera définitivement ses portes. ∎

Sud Marine ferme ses portes

B. CAUSES ET CONSÉQUENCES

La faillite de Sud Marine **est due à** = **provient de** = **est causée par** = **a pour cause** = **s'explique par** la crise.
La crise **a entraîné** = **a conduit à** = **a provoqué** = **a causé** = **a occasionné** la faillite de Sud Marine

1 **Choisissez la bonne réponse.**

1. Une entreprise en difficulté a du mal à payer :

☐ ses clients.

☐ ses fournisseurs.

2. Une entreprise qui ne peut plus payer ses dettes doit :

☐ déposer son bilan.

☐ payer ses créanciers.

3. Une entreprise qui rembourse ses dettes :

☐ continue de s'endetter.

☐ diminue son endettement.

4. Quand une entreprise perd de l'argent, on dit :

☐ que ses comptes sont dans le rouge.

☐ qu'elle tourne au ralenti.

5. Le chef d'une entreprise en difficulté doit essayer de :

☐ redresser l'entreprise.

☐ liquider l'entreprise.

6. Le plan de redressement d'une entreprise peut occasionner :

☐ des suppressions d'emplois.

☐ une crise économique.

7. La faillite d'une entreprise peut s'expliquer par :

☐ la faillite d'un gros client.

☐ le redressement de cette entreprise.

8. Une entreprise qui cesse ses activités :

☐ est nécessairement en faillite.

☐ peut être en bonne santé.

2 **Mettez dans l'ordre.**

■ *Scénario 1*

☐ Il met en place un plan de restructuration.

☐1 En juin un nouveau P-DG prend la tête de l'entreprise.

☐ Il a pour mission de redresser l'entreprise.

☐ L'entreprise doit déposer son bilan.

☐ Le plan de restructuration échoue.

■ *Scénario 2*

☐ Cortex fait faillite.

☐ Conclusion : les affaires ont mal tourné.

☐ Mais peu à peu le carnet de commandes se vide.

☐ Au début, les affaires vont plutôt bien.

☐ La société Cortex est au bord de la faillite.

■ *Scénario 3*

☐ Elle devient insolvable.

☐ L'entreprise a du mal à payer ses dettes.

☐ Elle doit déposer son bilan.

☐ Le tribunal prononce sa liquidation.

☐ Elle est déclarée en faillite.

■ *Scénario 4*

☐ Mais deux ans plus tard, Telton est sauvée et crée de nouveaux emplois.

☐ Arrive un nouveau P-DG qui met en place un plan de redressement.

☐ Le plan entraîne la perte de 300 emplois.

☐ C'est l'histoire de Telton, une entreprise endettée, au bord de la faillite.

23 PROFESSIONS 1

A. QU'EST-CE QUE VOUS FAITES DANS LA VIE ?

Il arrive qu'on vous demande : « **Qu'est-ce que vous faites dans la vie ?** » ou alors « **Quelle est votre profession ?** » ou encore « **Vous faites quoi comme métier ?** »

Si vous ne travaillez pas, vous pouvez répondre, par exemple : « Je ne travaille pas encore, **je suis étudiant(e)** ». Si vous travaillez, la réponse dépend évidemment du travail que **vous exercez**. Vous pouvez dire : « **Je suis caissier** dans un supermarché », « **Je travaille comme hôtesse de l'air** », etc.

Il existe des centaines de professions différentes et il n'est pas possible ici de les énumérer toutes. En voici juste quelques-unes, à titre d'exemples :

ingénieur	réceptionniste	comptable	analyste financier	audit
	conseiller fiscal	modéliste	vendeur	chef de produit
	juriste d'entreprise	attaché commercial	employé de bureau	
	webmestre	contrôleur de gestion	garçon de café	

B. VOUS FAITES QUOI EXACTEMENT ?

Chaque profession a ses particularités, sa culture, son langage. Voici deux personnes qui parlent de leur métier :

Marius, **agent immobilier** :

« Je travaille pour une petite agence immobilière. **Je suis chargé des** transactions sur les locaux professionnels. D'abord, je recherche à Paris des bureaux ou des boutiques à vendre. Ensuite, **je dois** trouver des acheteurs. **Ce n'est pas moi qui** vends ou qui achète. Moi, je suis simplement **un intermédiaire, je joue le rôle d'**arbitre entre le vendeur et l'acheteur, **je conseille**. »

Gaelle, **chargée de clientèle** :

« Je travaille dans une agence bancaire, à Marseille. **Mon rôle consiste à** conseiller les clients et à leur proposer des produits de la banque. Depuis trois ans, **je m'occupe des** petites entreprises, **j'ai** donc surtout **affaire à des chefs d'entreprise.** Je cherche à développer **un portefeuille de clients**, et pour cela, je dois **prospecter le marché**, c'est-à-dire rechercher de nouveaux clients. J'ai des **objectifs à atteindre** et, avec **la concurrence**, ce n'est pas facile. »

1 Associez.

1. Mon rôle consiste ⇒ ...
2. Je m'occupe ⇒ ...
3. Nous avons affaire ⇒ ...
4. Je dois ⇒ ...
5. C'est moi ⇒ ...
6. Je joue le rôle ⇒ ...

a. qui suis responsable de l'organisation.
b. des relations avec les fournisseurs.
c. d'interprète.
d. atteindre des objectifs
e. à informer les visiteurs.
f. à une clientèle internationale.

2 Trois personnes parlent de leur travail. Lisez ce qu'elles disent et découvrez la profession de chacune.

Bonjour, je m'appelle Julie. Mon travail consiste d'abord à assurer la sécurité à bord. Pendant le vol, je demande aux passagers de respecter les consignes de sécurité, je leur présente les équipements de sauvetage, etc. J'essaye aussi de leur rendre le voyage le plus agréable possible. Je distribue des journaux, des boissons, des jouets aux enfants, et c'est nous qui servons les repas.

Bonjour, je suis Antonin, c'est moi qui suis chargé d'accueillir les clients et de leur donner des informations sur les chambres disponibles. Les clients me posent aussi beaucoup de questions sur ce qui se passe dans la ville, sur les possibilités de loisirs, etc. Souvent, ils me demandent de leur réserver une place au restaurant ou au théâtre. Côté administratif, je dois tenir à jour le fichier des clients, en notant les arrivées et les départs, et quand le client s'en va, c'est moi qui fais la note et qui encaisse les paiements.

Bonjour, moi, c'est Caroline, et j'ai 25 ans. Le soir et le samedi, je fais une trentaine de clients par heure, et j'enregistre vingt ou trente articles à la minute. Le magasin vend surtout des produits alimentaires. La direction compare mes résultats avec ceux de mes collègues, je dois donc être très rapide. En même temps, il faut que je sois très attentive pour ne pas faire d'erreur, et on me demande aussi d'être aimable et souriante avec les clients.

3 Vrai ou faux ?

	VRAI	FAUX
1. Un garçon de café est en contact avec le public.	☐	☐
2. Un ingénieur exerce un métier artistique.	☐	☐
3. Un comptable travaille avec les chiffres.	☐	☐
4. Un juriste d'entreprise exerce une activité sportive.	☐	☐
5. Un employé de bureau fait de la recherche.	☐	☐

24

PROFESSIONS 2

A. CARRIÈRE PROFESSIONNELLE

La carrière professionnelle
est la progression dans une profession.
On peut aussi parler de **parcours
professionnel**. **Faire carrière**,
c'est réussir dans une profession.
Un(e) carriériste est une personne
qui cherche à faire carrière.

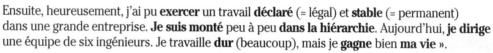

Il a fait une belle carrière.

Deux personnes, Izir et Françoise, parlent
de leur carrière professionnelle :

Izir, 48 ans, est **ingénieur** :
« Je suis arrivé en France il y a 18 ans.
Les deux premières années, j'ai travaillé
au noir (= illégalement), comme certains
travailleurs immigrés. Je travaillais **d'arrache-pied** (= sans interruption),
et j'étais très **mal payé**.

Ensuite, heureusement, j'ai pu **exercer** un travail **déclaré** (= légal) et **stable** (= permanent)
dans une grande entreprise. **Je suis monté** peu à peu **dans la hiérarchie**. Aujourd'hui, **je dirige**
une équipe de six ingénieurs. Je travaille **dur** (beaucoup), mais je **gagne** bien **ma vie** ».

Françoise, **retraitée**, 68 ans, **travailleuse bénévole** :
« J'ai travaillé **dans les affaires** pendant près de 40 ans. J'ai commencé par vendre
des aspirateurs en faisant du **porte à porte** chez les clients. À la fin de ma carrière,
j'étais chef des ventes chez un fabricant de meubles. Il y a deux ans, **j'ai pris ma retraite**,
mais je n'ai pas vraiment **cessé** (= arrêter) de travailler. Je suis restée très **active**.
Aujourd'hui, je travaille **bénévolement** (= gratuitement) dans une association.
Nous aidons les jeunes à trouver un emploi. »

B. COMMENT TROUVEZ-VOUS VOTRE TRAVAIL ?

Votre travail peut être :
– **dur, ardu, pénible**   le travail est difficile.
– **épuisant, harassant**   le travail est très fatigant.
– **ennuyeux, fastidieux**   le travail n'est pas intéressant, vous vous ennuyez.
– **routinier, répétitif**   il faut toujours faire, répéter la même chose.
– **enrichissant**   le travail vous apporte de nouvelles connaissances.
– **passionnant**   le travail vous intéresse beaucoup, il vous passionne.
– **prenant**   le travail prend du temps et vous occupe beaucoup l'esprit.

C. MOTS FAMILIERS : AUTOUR DU BOULOT

■ J'adore **mon boulot.**   J'adore mon travail.
■ J'ai trouvé **un** bon **job.**   J'ai trouvé un bon travail.
■ **J'ai du pain sur la planche**.   J'ai beaucoup de travail.
■ Il **bosse** dur. C'est un **bosseur**.   Il travaille beaucoup.

1   **Complétez les mentions manquantes.**

1.– Est-ce qu'elle travaille encore au noir ?

– Non, maintenant elle a un travail d _____ .

2.– Tu es payé combien ?

– Je ne gagne rien du tout, je travaille b _____ .

3.– Il a l'air un peu paresseux.

– Et pourtant, il travaille d _____ .

4.– Vous aimez ce que vous faites ?

– Bof ! À vrai dire, pas tellement, c'est toujours pareil, c'est très r _____ .

5.– Elle pense à son travail ?

– Elle ne pense qu'à ça, elle a un travail extrêmement p _____ .

6.– Il est toujours fatigué.

– Ce n'est pas étonnant, il a un boulot é _____ .

7.– Il paraît que votre travail est très ennuyeux.

– Ce n'est pas vrai, j'ai un travail très intéressant, p _____ même.

8.– Vous ne vous ennuyez pas au bureau ?

– Pas du tout, j'apprends tous les jours quelque chose, ce que je fais est très e _____ .

9.– Qu'est-ce qu'il fait comme boulot ?

– Pour l'instant, je ne sais pas, il change sans arrêt, il n'a pas de travail s _____ .

10.– Est-ce qu'il travaille beaucoup ?

– Énormément. C'est un gros b _____ .

2   **Associez pour compléter les phrases.**

1. Il a fait	⇒ **b**	**a.** d'arrache pied.
2. Il a pris	⇒ ...	**b.** une belle carrière.
3. Il est monté très haut	⇒ ...	**c.** sa retraite très jeune.
4. Il travaille du matin au soir	⇒ ...	**d.** du pain sur la planche
5. Il a immigré aux États-Unis	⇒ ...	**e.** à l'âge de 20 ans.
6. On a encore	⇒ ...	**f.** sa vie.
7. Bien qu'il ne travaille pas, il reste	⇒ ...	**g.** une petite entreprise.
8. C'est un petit boulot	⇒ ...	**h.** dans la hiérarchie
9. Il dirige	⇒ ...	**i.** très actif.
10. Il gagne très bien	⇒ ...	**j.** mal payé.

25

LIEU DE TRAVAIL

A. À LA VILLE

« Bonjour, je m'appelle Sophie. L'entreprise où je travaille vient de **déménager** dans **le quartier des affaires**, loin du centre ville. Nos bureaux se trouvent maintenant au 28ᵉ **étage** d'**une tour** de 35 étages. **Les installations** sont modernes, nous sommes très bien **équipés**. À cause de **la climatisation**, il est interdit d'ouvrir les fenêtres. **L'insonorisation** est parfaite : on n'entend aucun bruit de l'extérieur, c'est très bien **insonorisé.** Ce sont des bureaux de type **paysager.** »

NOTE : Dans un bureau paysager, l'espace est divisé par des **cloisons mobiles** ou par des plantes, de différente hauteur. Chacun **dispose de** son propre **espace de travail**, et peut aisément communiquer avec ses collègues. Il est facile de modifier **la disposition.**

Sophie, de nouveau : « Avant **le déménagement**, nos bureaux se trouvaient dans **un immeuble** ancien du centre ville. Ils **donnaient sur** une rue bruyante. Nous n'avions pas beaucoup d'espace, on était **serrés comme des sardines.** **Je partageais** un bureau **minuscule** (très petit) avec un collègue. Seul avantage : comme nous étions dans **un quartier commerçant** (avec beaucoup de commerces), je pouvais **faire les magasins** (= faire des achats) pendant la pause déjeuner. »

B. À LA CAMPAGNE

« Bonjour, je m'appelle Tony. Je travaille chez Petit Beurre, un fabricant de gâteaux industriels installé à la campagne. Nous avons **une** petite **usine**, où nous fabriquons 8 000 gâteaux par jour. L'usine est divisée en quatre **ateliers.**

Moi, je ne travaille pas dans l'usine. Je travaille dans **les bureaux** du premier étage, dans le service administratif. Chacun a son propre bureau. Le mien est particulièrement **spacieux** (grand). Il donne sur un jardin. De l'autre côté du **bâtiment** (immeuble), il y a **un parking** réservé au personnel. Au deuxième et dernier étage, il y a la **cantine**, où on peut manger à midi. »

Tony, de nouveau : « Ma femme est graphiste. Elle travaille **à domicile.** »

NOTE : **Le travail à domicile**, qu'on appelle aussi **le télétravail**, est en plein développement. D'après certaines études, **les travailleurs à domicile** ou **télétravailleurs** seraient les plus **efficaces.**

1   Lisez les témoignages suivants et complétez les mentions manquantes.

1.
Je travaille dans le q _____ des affaires.

5.
On est trois à p _____ un bureau minuscule, on est très s _____, on peut à peine bouger.

2.
Mon bureau se trouve au 3e é _____ d'un petit i _____.

6.
On est mal é _____, les installations sont vieilles, il y a des fils électriques par terre.

3.
S'il y avait un p _____, je viendrais travailler en voiture.

7.
Le bureau donne sur la rue, et même avec les fenêtres fermées, il y a beaucoup de bruit, c'est vraiment très mal i _____.

4.
En ce moment, il fait très chaud, la c _____ ne fonctionne pas, c'est difficile de travailler dans ces conditions.

8.
Dans notre c _____, on mange bien pour pas cher.

2   Éliminez l'intrus.

1. minuscule / petit / spacieux / serré.

2. une tour / un déménagement / un immeuble /un bâtiment.

3. une cloison / un domicile / un bureau / une usine.

4. climatisé / insonorisé / silencieux / tranquille.

3   Vrai ou faux ?

	VRAI	FAUX
1. Dans un bureau paysager, il y a toujours beaucoup de plantes.	☐	☐
2. Dans un atelier, il peut y avoir plusieurs usines.	☐	☐
3. Les usines sont souvent situées dans le quartier commerçant de la ville.	☐	☐
4. Les employés du service administratif travaillent généralement dans un atelier.	☐	☐
5. En principe, les télétravailleurs travaillent à domicile.	☐	☐

26 DIPLÔMES ET FORMATION

A. UNIVERSITÉ ET GRANDE ÉCOLE

En France, **les lycéen(ne)s** – les élèves des lycées (= écoles secondaires) – passent **le baccalauréat** (= **le bac**) vers l'âge de 18 ans. Ils peuvent soit **réussir** soit **rater** (= ne pas réussir) l'examen. Après le bac, beaucoup **s'inscrivent à** = **entrent à** l'Université et quelques-uns – une minorité – **entrent dans une grande école.**

Agathe et Caroline travaillent chez PPX, une entreprise industrielle installée dans la région parisienne. Elles parlent de leurs études après le bac.

Agathe, 40 ans, est **responsable du personnel** : « **J'ai une formation de** juriste, **j'ai fait des études de droit à la faculté de droit**, à Paris. J'ai **écrit une thèse** en **droit du travail** et j'ai **obtenu un doctorat.** Tout de suite après mes études, j'ai trouvé un emploi à **la direction du personnel** d'une grande entreprise. Je suis restée près de cinq ans dans cette entreprise, puis je suis entrée **comme directrice du personnel** chez PPX, et c'est **le poste** que **j'occupe** encore aujourd'hui. »

Caroline, 31 ans, est **directrice commerciale** : « Après le bac, j'ai préparé **le concours d'entrée** d'**une grande école de commerce.** Nous étions environ 2 000 **candidats** pour une centaine de **places.** Heureusement, j'ai réussi le concours. Pendant **ma scolarité** (= le temps passé à l'école), **j'ai fait des stages** dans plusieurs entreprises pour **acquérir de l'expérience**. À ma sortie de l'école, je suis entrée chez PPX. »

Amphithéâtre de la Sorbonne

B. FORMATION CONTINUE

Jordan, 38 ans, travaille également chez PPX. Il parle de sa formation : « J'ai commencé à travailler à 16 ans. Je n'**avais** aucun **diplôme**, pas même le bac. J'ai commencé ma carrière comme ouvrier. Le travail n'était pas très intéressant. **J'ai suivi des cours du soir.** Ce n'était pas facile, je travaillais le jour, et j'étudiais le soir. J'ai fini par **décrocher** (= obtenir) un diplôme d'ingénieur. Aujourd'hui, chez PPX, je continue à **suivre des stages** de **formation continue.** On n'en sait jamais assez, n'est-ce pas ? »

NOTE : La formation continue est la formation que vous recevez pendant que vous travaillez.

Jordan, de nouveau : « Comme nous travaillons beaucoup avec l'Allemagne, PPX m'a envoyé deux semaines à Berlin pour **pratiquer** mon allemand. »

1   Associez

■ *Scénario 1*

1. Elle entre   ⇒ *d*   **a.** un stage.

2. Elle reçoit   ⇒ ...   **b.** une bonne formation.

3. Elle fait   ⇒ ...   **c.** de l'expérience.

4. Elle acquiert ⇒ ...   **d.** dans une grande école.

■ *Scénario 2*

1. Il écrit   ⇒ ...   **a.** dans une entreprise.

2. Il passe   ⇒ ...   **b.** une thèse.

3. Il entre   ⇒ ...   **c.** un poste important.

4. Il occupe   ⇒ ...   **d.** son doctorat.

■ *Scénario 3*

1. Elle fait   ⇒ ...   **a.** un diplôme d'ingénieur.

2. Elle obtient ⇒ ...   **b.** des études d'ingénieur.

3. Elle travaille ⇒ ...   **c.** son français.

4. Elle pratique ⇒ ...   **d.** comme ingénieur.

■ *Scénario 4*

1. Il étudie   ⇒ ...   **a.** d'étudier.

2. Il rate   ⇒ ...   **b.** l'économie.

3. Il arrête   ⇒ ...   **c.** au chômage.

4. Il se retrouve ⇒ ...   **d.** ses examens.

2   Mettez dans l'ordre chronologique.

☐ Les cours commencent début septembre.

☐ Le jour J arrive : elle passe le concours avec deux mille autres candidats.

☐ Trois semaines plus tard, elle apprend ses résultats. Quel bonheur ! Elle a réussi.

[1] Éva travaille dix heures par jour : elle prépare le concours d'une grande école.

☐ Elle entre dans un cabinet de consultant.

☐ Trois ans plus tard, elle obtient le diplôme de l'école.

☐ Elle suit assidûment (régulièrement) les cours.

3   Complétez les mentions manquantes.

1. Pour entrer dans une g _____ école, il faut passer un c _____ difficile. Il y a toujours beaucoup de c _____ pour un nombre limité de p _____.

2. Chez PPX, les salariés peuvent s _____ des s _____ de formation c _____.

3. Il a une f _____ scientifique. Maintenant, il travaille c _____ directeur financier chez PPX.

4. Il a beaucoup de d _____, et pourtant il a du mal à trouver un e _____ intéressant.

5. En France, il faut avoir le bac pour s'i _____ à l'u _____.

6. Mathieu, 18 ans, n'a rien fait pendant sa s _____ et il a fini par r _____ son b _____.

27

EMPLOI ET CHÔMAGE

A. POPULATION ACTIVE

La population active (= les actifs)
comprend les personnes présentes
sur **le marché de l'emploi**
(= le marché du travail), à savoir :
– les personnes qui travaillent :
les actifs occupés ;
– les personnes qui **sont**
à la recherche d'un emploi :
les actifs inoccupés = les chômeurs.

La population inactive
(= les inactifs) comprend
les enfants, les retraités,
les personnes qui restent **au foyer**
(à la maison), les malades, etc.

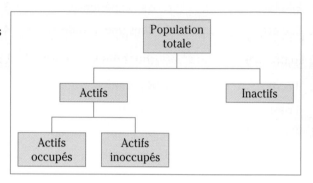

Un chômeur est aussi appelé **un demandeur d'emploi** ou **un sans-emploi**. Un chômeur
de longue durée est une personne qui **est au chômage** depuis longtemps.

Les chiffres de l'emploi sont publiés régulièrement par le gouvernement. **Le taux
de chômage** est **un indicateur** intéressant pour apprécier **l'état de santé** d'une économie.

$$\text{Taux de chômage} = \frac{\text{Actifs inoccupés (= chômeurs)}}{\text{Population active}}$$

Dans de nombreux pays, **la situation de l'emploi** est préoccupante parce que le taux
de chômage est **élevé**. Le chômage **touche** (= **concerne**) environ 10 % de la population
active, et la situation **se dégrade** (= **empire**) d'année en année.

B. RÉSULTATS ET TENDANCES

L'emploi et surtout le chômage font souvent les titres de la presse. Voici quelques titres :

CRÉATION D'EMPLOIS :
la guerre
des chiffres

Société KM7 :
les salariés manifestent
contre les suppressions d'emploi

Comment **toucher**
les indemnités
de chômage.

Des emplois ont été **créés**,
mais combien ? Les experts
ne sont pas d'accord.

Les salariés de la société KM7
protestent parce que la société
supprime des emplois.

Les conditions qu'un chômeur
doit remplir pour **toucher** (= recevoir) **les aides de l'État**.

1 Vrai ou faux ?

	VRAI	FAUX
1. Les retraités font partie de la population inactive.	☐	☐
2. Les chômeurs font partie de la population active.	☐	☐
3. Un chômeur = un actif inoccupé = un demandeur d'emploi = un sans-emploi.	☐	☐
4. L'état de santé de l'économie dépend du taux de chômage.	☐	☐
5. En principe, les inactifs touchent des indemnités de chômage.	☐	☐

2 Complétez les mentions manquantes.

EMPLOI
•

Chômage : les jeunes fortement touchés

L'Institut national des statistiques a publié hier les c _____ de l'emploi. Mauvaise nouvelle : la s _____ de l'emploi dans le pays continue de se d _____, en particulier pour les jeunes.

Le t_____ de chômage reste très é_____. Il t_____ maintenant 11,6 % de la population a_____.

La moitié des jeunes diplômés sortant de l'Université sont à la r_____ d'un e_____. Ils sont souvent dans une situation difficile. Pour l'instant, en effet, un jeune qui n'a pas encore travaillé ne reçoit aucune i_____ de chômage.

Les étudiants ont m_____ dans les rues de la capitale. Ils veulent obtenir des a_____ de l'État et des c_____ d'emplois de la part des entreprises. « *Nous allons vous aider* », a déclaré le ministre de l'emploi devant un groupe de jeunes. Jonathan Lambert, le porte parole de l'Union des étudiants, a dit que le ministre de l'emploi devrait plutôt s'appeler ministre du chômage.

Seule consolation : les c_____ de longue d_____ sont en diminution. Les jeunes diplômés peuvent donc garder espoir : ils restent de moins en moins longtemps au chômage. ■

Des étudiants manifestent à Paris

28

RECHERCHE D'EMPLOI

A. MÉTHODES DE RECHERCHE

Pour trouver un emploi, vous pouvez :
– **consulter** les **offres d'emploi** dans la presse et sur Internet,
– faire paraître (= publier) **une demande d'emploi**,
– utiliser vos **relations** personnelles ou professionnelles,
– vous adresser à **un cabinet de recrutement** (= un « **chasseur de tête** »), etc.

B. CV ET LETTRE DE MOTIVATION

Noémie Poulain est à la recherche d'un emploi. Elle répond à **une petite annonce** publiée dans la presse par l'entreprise Berthier. Elle envoie à la **Direction des ressources humaines (= le service du personnel)** de l'entreprise un **CV (curriculum vitae)** et **une lettre de motivation**.

Dans son **CV**, Noémie donne des informations sur :
– son **état civil** : elle a 26 ans, elle est célibataire, etc.
– sa **formation** : elle **a fait** une grande école d'ingénieur,
– son **expérience professionnelle** : elle a travaillé comme ingénieur pendant trois ans,
– ses **activités extra-professionnelles** : elle joue souvent au tennis.

Dans sa lettre de motivation, Noémie **postule** (= demande = **pose sa candidature à**) l'emploi proposé. Elle explique pourquoi elle veut le travail et en quoi **son profil** (ses **compétences**, qualités, formation, âge, etc.) correspond à l'emploi.

C. ENTRETIEN D'EMBAUCHE

Noémie obtient un rendez-vous pour **un entretien d'embauche** = une discussion entre **le candidat** et **l'employeur**.

Kevin Pelissier est **le DRH (Directeur des ressources humaines)** de Berthier. Il parle de **la procédure de recrutement**, c'est-à-dire des méthodes que l'entreprise utilise pour **recruter** du personnel :

« Nous **convoquons** plusieurs candidats à **un entretien de groupe**. Nous faisons ensuite **une** première **sélection** et nous convoquons les meilleurs candidats à plusieurs **entretiens individuels**. Finalement, nous choisissons le meilleur d'entre les meilleurs. »

Finalement, Noémie **obtient le poste**. Elle **est embauchée / recrutée / engagée** par Berthier le 1er mars = Berthier l'embauche / la recrute / l'engage le 1er mars.

Un entretien d'embauche

1 **Qui est-il ? Le candidat ou l'employeur ?**

	CANDIDAT	EMPLOYEUR
1. Il fait paraître une offre d'emploi.	☐	☐
2. Il consulte les demandes d'emploi.	☐	☐
3. Il actualise son CV.	☐	☐
4. Il rédige une lettre de motivation.	☐	☐
5. Il reçoit les CV et fait une première sélection.	☐	☐
6. Il est convoqué à un entretien.	☐	☐
7. Il pose la plupart des questions.	☐	☐
8. Il a le profil recherché.	☐	☐
9. Il embauche un nouveau salarié.	☐	☐
10. Il obtient le poste.	☐	☐

2 **De quel type de document est extrait chacune des informations suivantes ?**

1. _____ **2.** _____

■ **EXPÉRIENCE PROFESSIONNELLE**

2008-2012   • Éditions Lombard, Bruxelles
      Responsable des ventes
      Chargée d'animer
      une équipe de six vendeurs.

_____

Merci d'adresser
lettre manuscrite + CV + photo
à BCT, 92 rue Danton, 35000 Rennes.

3 **Complétez les mentions manquantes.**

1. Dans votre CV, donnez quelques détails sur votre é _____ c _____ (âge, nationalité, etc.),
décrivez votre e _____ p _____, expliquez votre f _____, dites un mot sur vos
a _____ e _____-professionnelles. Dites la vérité, mais ne vous sous-estimez pas.

2. Envoyez votre CV et une l _____ de m _____ soit à un c _____ de r _____,
soit directement au s _____ du p _____ de l'entreprise (ou à la direction des r _____
h _____).

3. Pendant l'e _____ d'e _____, mettez en avant vos qualités et vos c _____, essayez
de convaincre l'employeur que votre p _____ correspond bien au p _____ proposé.

29

CONTRAT DE TRAVAIL

A. LETTRE D'ENGAGEMENT

Le contrat de travail est **une convention (= un accord)** entre **un(e) salarié(e)** et **un employeur**. L'**obligation** principale du salarié est d'**exécuter le travail**. Celle de l'employeur est de payer **le salaire**. Ce contrat peut prendre la forme d'**une lettre d'engagement**, qu'on appelle aussi **une lettre d'embauche**. Voici des extraits d'une lettre d'engagement :

Madame,

À la suite de notre entretien du 18 février, nous vous confirmons votre engagement **en qualité d'**ingénieur **à compter du** 1ᵉʳ mars **pour une durée indéterminée**. […]

Vous **exercerez vos fonctions sous l'autorité du** directeur de la production.

Votre **rémunération** annuelle **est fixée à** 62 000 euros. […]

Nous vous rappelons que **nous sommes convenus d'une période d'essai** de deux mois. Pendant cette période, chacune des parties est libre de **résilier** le contrat de travail, à tout moment, sans indiquer de **motif**. »

En France, pour un emploi **à plein temps**, la durée du travail est de 35 heures par semaine. Si vous travaillez moins de 35 heures, vous travaillez **à temps partiel**. Mais si vous dépassez 35 heures par semaine, **vous faites des heures supplémentaires**.

B. TRAVAIL TEMPORAIRE

« Bonjour, je m'appelle Thomas. Je travaille pour Attica, qui est **une entreprise de travail temporaire** ou, comme on dit aussi, **une entreprise intérimaire**. Je **fais de l'intérim**. Attica m'envoie **en mission** (travailler) dans différentes entreprises **pour une durée déterminée**. En ce moment, je **suis en mission** dans l'entreprise Berthier pour une durée de six mois. Je **remplace** madame Leduc, qui **est en congé maternité** (elle vient d'avoir un bébé). »

C. FIN DU CONTRAT

Le contrat de travail peut prendre fin :
– soit à l'initiative du salarié : dans ce cas, on parle d'**une démission**. On dit que le salarié **donne sa démission** ou qu'il **démissionne**.
– soit à l'initiative de l'employeur : il s'agit alors d'**un licenciement**. On dit que le salarié **est licencié** ou que l'employeur **licencie** le salarié.

Dans les deux cas, les parties doivent **donner un préavis (= un délai de préavis)**, c'est-à-dire informer l'autre partie à l'avance.

Un **contrat à durée déterminée** prend fin à **l'expiration** (fin) de la durée fixée.

E X E R C I C E S

1   Voici des extraits d'un contrat de travail. Complétez les mentions manquantes.

Entre la société Berthier et Mme Noémie Poulain, il est c _____ ce qui suit :

Article 1. La société Berthier engage Mme Noémie Poulain à c _____ du 1er mars en q _____ d'ingénieur.

Article 2. Mme Poulain exercera ses f _____ sous l'a _____ directe du directeur général.

Article 3. Le présent contrat est conclu pour une d _____ indéterminée. Il ne deviendra définitif qu'à l'e _____ d'une p _____ d'e _____ de deux mois. Durant cette période, chacune des parties pourra r _____ le contrat sans donner de p _____ et sans indiquer de m _____.

Article 4. Le salaire a _____ brut de Mme Poulain est f _____ à 62 000 euros.

2   Complétez les mentions manquantes.

1. – Est-ce qu'il a été _____ ?

– Non, il est parti de sa propre initiative, il a donné sa _____.

2. – Vous travaillez à _____ partiel, n'est-ce pas ?

– Absolument pas. Non seulement je travaille à _____ temps, mais en plus je _____ des heures _____.

3. – Avez-vous toujours travaillé dans la même entreprise ?

– Pas du tout, comme je fais de _____, je change souvent d'entreprise. Je travaille pour une _____ de travail _____, qui s'appelle Attica. Pour l'instant, je suis en _____ dans une entreprise de transport. Je _____ quelqu'un qui est en congé maladie.

4. – Il travaille du 1er juin au 31 août. Il a passé un CDD.

– Un CDD, qu'est-ce que c'est ?

– C'est un _____ à durée _____.

3   Complétez les phrases.

1. L'obligation principale de l'employeur est d(e) _____

2. Le salarié a pour obligation principale d(e) _____

3. En principe, la partie qui veut résilier le contrat de travail doit _____

30 RÉMUNÉRATION DU TRAVAIL

A. SALAIRE DE CADRE

Audrey est **directrice du marketing** dans une grande entreprise.

> Bonjour, je suis Audrey. Je **touche un salaire annuel** de 52 000 **euros**. En plus de **ce salaire de base** (= salaire principal), je reçois **un intéressement aux bénéfices** de l'entreprise.

B. POURBOIRES ET CONGÉS PAYÉS

Émilie est **serveuse** dans un restaurant.

> Bonjour, je m'appelle Emilie. Tous les mois, je reçois un **salaire fixe**. C'est **le salaire minimum** prévu par la loi. Ce n'est pas **un gros salaire**. Heureusement, les clients me donnent des **pourboires**, et certains clients sont assez généreux. En été, je prends quatre semaines de **congés** (= vacances). Ce sont des **congés payés**, c'est-à-dire que je suis payé alors que je ne travaille pas. Mais bien sûr, pendant ces congés, je ne reçois pas de pourboires.

C. RÉMUNÉRATION DU VENDEUR

Yann travaille comme **vendeur** pour un **fabricant** de chaussures.

> Moi, c'est Yann. Je reçois chaque mois **un fixe** (= **un salaire mensuel fixe**) et **une commission** (= un pourcentage des ventes). Le fixe m'apporte un minimum de **sécurité**. Mais la commission est plus **motivante** : plus je vends, plus je gagne. Comme je suis presque toujours en déplacement, l'entreprise me prête une **voiture de fonction** et **prend en charge** (= paie) mes **frais de déplacement** (essence, péage d'autoroute, hôtels, etc.). »

D. PRIMES

Certains salariés reçoivent **une prime** (= **un bonus**). Voici les principaux types de primes :

• **Prime d'ancienneté**	Elle **est accordée** (donnée) en fonction des années passées dans l'entreprise.
• **Prime d'assiduité**	L'assiduité est l'application et la présence régulière au travail.
• **Prime de rendement =** **prime de productivité**	Son montant dépend du résultat du travail.
• **Prime de nuit**	Pour ceux qui travaillent la nuit.
• **Treizième (13e) mois**	Au mois de décembre, le salarié reçoit deux mois de salaire.

En France, les salariés reçoivent chaque mois **un bulletin de salaire** (= **une fiche de paie**) qui mentionne en détail les différents éléments du salaire.

E X E R C I C E S

1   Lisez les déclarations suivantes et complétez les mentions manquantes.

1.

À la fin de l'année, je reçois un t _____ m _____, c'est une sorte de prime de Noël.

5.

Ça fait presque 30 ans qu'il travaille dans l'entreprise, c'est pourquoi il reçoit une prime d'a _____ si importante.

2.

Les ouvriers de cette usine t _____ une p _____ de r _____. Plus ils produisent, plus ils gagnent.

6.

Comme il arrive tous les jours en retard au bureau, le patron lui a sucré (supprimé) sa p _____ d'a _____.

3.

Je reçois un f _____ et une c _____ de 6 % sur le m _____ des ventes.

7.

On a droit à cinq semaines de c _____ p _____ par an.

4.

L'employeur ne peut pas nous payer en dessous du s _____ m _____ fixé par la loi.

8.

Si le service est compris dans l'addition, je ne donne pas de p _____ au serveur.

2   Complétez les mentions manquantes.

1. Madame Cellier, la directrice commerciale, reçoit un intéressement sur les _____.

2. Pour ses déplacements, elle dispose d'une voiture de _____.

3. Quand elle voyage, la société lui rembourse ses _____ de _____.

4. Monsieur Lavigne, le comptable, ne reçoit rien de plus que son salaire de _____.

5. Il y a une erreur de calcul sur son bulletin de _____.

6. Léo travaille jusqu'à 5 heures du matin, et pourtant il ne touche aucune _____ de _____.

31 PERSONNEL ET ENCADREMENT

A. TYPES DE SALARIÉS

Un salarié est une personne qui travaille **pour le compte** et **sous la subordination** (= **sous l'autorité**) d'**un employeu**r. L'ensemble des salariés forme **le personnel** de l'entreprise.

Tellier est une entreprise industrielle qui **emploie** plusieurs types de salariés :
– **les ouvriers**, qui travaillent dans les différents **ateliers de l'usine**, font des travaux manuels ou mécaniques sous l'autorité d'**un contremaître** (chef d'équipe) ;
– **les employés** travaillent dans **les bureaux** ;
– **les cadres**, qu'on appelle aussi les **dirigeants** ou les **managers, occupent des postes de direction**. Ils **encadrent** (= **dirigent**) le personnel. L'ensemble des cadres forme **l'encadrement** = **le management** = **la direction**.

B. TYPES DE CADRES

Tellier emploie trois catégories de cadres : des **cadres techniques**, qui sont des **ingénieurs**, des **cadres commerciaux**, des **cadres administratifs**.

Ces cadres occupent des **niveaux hiérarchiques** différents. Chez Tellier, on distingue **les cadres supérieurs** et **les cadres moyens**. Un cadre moyen occupe un poste de direction **sous la direction / sous la responsabilité d'**un cadre supérieur.

Le personnel de Tellier est réparti dans de nombreux services. Par exemple : **le service de la comptabilité**, **le service du personnel**, **le service des ventes**, **le service des achats**, **le service après-vente**, etc. Des **chefs de service sont responsables de / dirigent** un service et les directeurs **supervisent** plusieurs services. Voici un extrait de **l'organigramme** de l'entreprise Tellier :

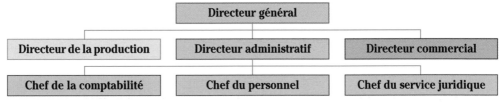

Dans les grandes entreprises le chef du personnel s'appelle souvent **le directeur des ressources humaines** (DRH).

C. DIRECTION GÉNÉRALE

Le directeur général est **responsable de la gestion** devant les propriétaires de l'entreprise.

Dans **une société anonyme**, comme Tellier, les propriétaires sont des **actionnaires**. Ils élisent **un conseil d'administration** pour les représenter. Les membres de ce conseil, les **administrateurs**, élisent leur **président**.

Le Président-directeur général (le **P-DG**) :
– **préside** le conseil d'administration, en tant que président ;
– **gère** (s'occupe de) l'entreprise, en tant que directeur général.

1 **Complétez les phrases avec les verbes suivants :**
encadre – gère – fait – occupe – préside

1. Jacques, le P-DG, _____ le conseil d'administration.

2. Fanny _____ seule sa petite entreprise.

3. Julien, contremaître, _____ une équipe de dix ouvriers.

4. Émilie _____ un poste de direction dans une grande entreprise.

5. Émilie dit que Paul, employé de bureau, _____ bien son travail.

2 **Complétez les mentions manquantes.**

La société Tellier e _____ près de 200 s _____. L'e _____ regroupe une vingtaine
de cadres. Comme Tellier est une entreprise industrielle, les cadres t _____ sont les plus nombreux.
Mais bien sûr il y a aussi des cadres a _____ et des cadres c _____.
Marius Guillemot est d _____ de la p _____. C'est un i _____ de formation.
Il supervise les cinq ateliers de l'u _____. Les chefs d'atelier travaillent s _____
sa r _____.
Les commerciaux sont répartis dans deux services : le service des v _____ et le service des a _____.
Les chefs de ces deux services sont placés s _____ la d _____ d'un d _____ c _____.
Le directeur administratif s'appelle Sébastien Goujon. Il contrôle le service de la c _____, le service
du p _____ et le service j _____.

3 **Vrai ou faux ?**

	VRAI	FAUX
1. Le directeur commercial est un cadre supérieur.	☐	☐
2. Un contremaître travaille sous la responsabilité d'un directeur commercial.	☐	☐
3. Le chef du personnel travaille généralement sous la responsabilité d'un DRH.	☐	☐
4. Le nom des actionnaires n'apparaît pas dans l'organigramme de l'entreprise.	☐	☐
5. Dans une société anonyme, un administrateur est un cadre administratif.	☐	☐
6. Les administrateurs sont choisis par les salariés de l'entreprise.	☐	☐
7. Les actionnaires sont les propriétaires de l'entreprise.	☐	☐

32 CONFLITS DU TRAVAIL

A. SYNDICALISME

« Bonjour, je m'appelle Thierry Minot et je travaille comme ouvrier mécanicien chez BMX, une entreprise qui fabrique des batteries de voitures. En entrant chez BMX, j'ai **adhéré à un syndicat**. Je suis devenu **un syndicaliste** très actif. Je pense qu'il est important de défendre les intérêts des travailleurs.

Depuis deux ans, nos salaires n'ont pas été **revalorisés** (= augmentés). Nous **réclamons** (= **revendiquons** = demandons) **une revalorisation** (= **une augmentation**), mais la direction refuse systématiquement toutes nos **revendications** (= demandes). Cette fois-ci, on se battra jusqu'à ce qu'on obtienne satisfaction. S'il le faut, **nous nous mettrons en grève.** »

B. DROIT DE GRÈVE

En France, **le droit de grève** est reconnu par **la constitution**.

Mais il y a des limites au droit de grève. Par exemple :
– Les **piquets de grève** sont des **grévistes** qui restent sur place pour s'assurer que la grève est bien **suivie**. Ils n'ont pas le droit d'empêcher **les non-grévistes** de travailler.
– La grève **avec occupation des locaux** (lieux de travail : bureaux, usine, etc.) est **tolérée** (autorisée), mais seulement pendant les **horaires de travail**.
– La grève est **un arrêt de travail** clair et net. **La grève perlée**, qui consiste à travailler mal ou au ralenti (lentement), est **illégale**.

C. TYPES DE GRÈVES

Il y a plusieurs types de grèves. Voici les principaux :

• Grève surprise	C'est une grève sans **préavis** : les travailleurs **font grève** sans prévenir l'employeur.
• Grève sauvage	Les grévistes agissent sans l'accord des syndicats.
• Grève de solidarité	Elle vise à **soutenir** (aider) les revendications d'autres salariés (de la même entreprise ou d'autres entreprises).
• Grève sur le tas	Les grévistes **occupent** les locaux de l'entreprise

D. JOURS DE GRÈVE

L'article suivant est extrait d'un journal économique.

BMX : ...FIN DE LA GRÈVE...

Hier soir, après une grève de 20 jours, les ouvriers de BMX ont **repris le travail**. Ils réclamaient 6 % d'augmentation de salaire. Après qu'**un accord** a été trouvé avec la direction, les grévistes ont décidé de **mettre fin à** leur grève. *« Dans l'ensemble, nos revendications ont été satisfaites »*, a déclaré Thierry Minot, **responsable syndical**. ●

1 Complétez les mentions manquantes de cet extrait d'interview.

1. – En France, les salariés ont-ils le droit de f _____ grève ?

   – Oui, c'est même un droit reconnu par la c _____.

2. – Les travailleurs doivent-ils prévenir l'employeur qu'ils vont se m _____ en grève.

   – Non, ils n'ont pas besoin de déposer un p _____.
   En France, la grève s _____ est parfaitement légale.

3. – A-t-on le droit de faire grève pour n'importe quel motif ?

   – Non, la grève doit s'appuyer sur des r _____ d'ordre professionnel, et pas politique. Par exemple, on peut faire grève pour demander une r _____ des s _____, mais pas pour demander un changement de gouvernement.

4. – Les g _____ ont-ils le droit d'o _____ les locaux de travail pendant la grève ?

   – L'o _____ des locaux est tolérée pendant les h _____ de travail, c'est ce qu'on appelle une grève sur le t _____. En tout cas, les p _____ de g _____, qui empêchent les non-grévistes de travailler, sont interdits.

5. – En quoi consiste la liberté syndicale ?

   – C'est le droit pour chacun d'a _____ à un s _____ de son choix ou alors de ne pas a _____.

Des journalistes de Radio France en grève

2 Dites de quel type de grève il s'agit.

Je propose qu'on se mette en grève tout de suite.

Les gars de l'atelier 1 sont prêts à soutenir leurs camarades de l'atelier 5.

Moi, je propose qu'on fasse grève sans l'accord du syndicat.

1. *Grève surprise*   2. _____   3. _____

On pourrait travailler plus lentement. Comme ça, on ne perdrait pas notre salaire et le patron serait bien embarrassé.

4. _____

33 BIENS DE PRODUCTION

A. CAPITAL TECHNIQUE

Jean-Noël Bert est le fondateur de Technitec, une entreprise de 200 salariés, qui fabrique des composants électroniques. Il parle des **investissements** qu'il faut réaliser pour créer et développer une entreprise.

« Pour créer une entreprise, il faut des capitaux**.** Avec l'argent **investi** dans l'entreprise, on achète des **biens de production**, c'est-à-dire des biens qui sont utilisés pour créer un autre bien ou un service. Les biens de production sont aussi appelés **capitaux techniques**. »

Il existe deux types de biens de production :
– d'une part, **les biens d'équipement,** appelés aussi **le capital fixe** ;
– d'autre part, **les biens intermédiaires**, appelés aussi **le capital circulant**. »

Biens de production = capital technique

Biens d'équipement = capital fixe	Biens intermédiaires = capital circulant

B. CAPITAL FIXE

Les biens d'équipement sont des **biens durables** car ils sont faits pour durer (pendant au moins un an). Exemples : les bâtiments, les machines, les **véhicules de transports**, etc.

Quand une entreprise acquiert (= achète) du capital fixe, on dit qu'elle **investit** (= elle **réalise un investissement**).

Jean-Noël Bert : « Chaque année, nous **consacrons** au moins 7 % de notre chiffre d'affaires à l'investissement. L'année prochaine, nous investirons dans une nouvelle usine en Pologne. Une entreprise qui veut rester **à la pointe** (= moderne) et **compétitive** doit investir. »

C. CAPITAL CIRCULANT

Les biens intermédiaires sont des **biens non durables** car ils sont consommés ou transformés dans **le processus de production**. C'est le cas des **matières premières** et de **l'énergie**.

Les matières premières sont des **produits de base**, non élaborés, utilisés pour produire un bien. Ex. : le bois utilisé pour fabriquer le papier, la farine du boulanger.

Pour produire, les entreprises peuvent utiliser différents types d'énergie. Exemples : énergies **électrique (électricité)**, **nucléaire**, **fossile (charbon, gaz, pétrole,** etc.), **solaire** (soleil), **thermique (chaleur)**, **éolienne** (vent), etc. Les **ressources énergétiques** varient d'un pays à l'autre.

Une plateforme pétrolière

E X E R C I C E S

1 **Capital fixe ou capital circulant ?**

Une agence de voyages achète :

	FIXE	CIRCULANT
1. un ordinateur	☐	☐
2. un fauteuil de bureau.	☐	☐
3. des feuilles de papier.	☐	☐
4. une machine à café.	☐	☐
5. quelques paquets de café.	☐	☐

2 **Vrai ou faux ?**

	VRAI	FAUX
1. Les biens intermédiaires sont des biens non durables.	☐	☐
2. Un chauffeur de taxi qui achète un nouveau taxi réalise un investissement.	☐	☐
3. Le vent et le soleil sont des matières premières.	☐	☐
4. Le plus souvent, on met du pétrole dans sa voiture.	☐	☐

3 **Associez**

1. Bien ⇒ *b* **a.** technique.

2. Capital ⇒ ... **b.** de production.

3. Énergie ⇒ ... **c.** de base.

4. Véhicule ⇒ ... **d.** de transport.

5. Ressource ⇒ ... **e.** énergétique.

6. Produit ⇒ ... **f.** nucléaire.

4 **Complétez les mentions manquantes avec des sources d'énergie.**

1. Cette entreprise exploite plusieurs puits de _____ en Irak.

2. Il fait une _____ étouffante dans cette région !

3. Aujourd'hui, le _____ souffle très fort.

4. Il y a eu une panne d' _____ dans toute la ville.

5. Tu ne trouves pas que ça sent le _____ ici ?

6. En France, on a fermé toutes les mines de _____ .

34

PRODUIRE

A. OBJECTIFS DE LA PRODUCTION

Max Jobert est **le directeur technique** (= **le directeur de production**) de Technitec.
Il parle de son métier :
« Nous **poursuivons** trois **objectifs** :
1. **Réduire les coûts de production** (= l'argent qu'il faut dépenser pour produire).
2. **Respecter les délais.**
3. Améliorer **la qualité des produits.**
Autrement dit, nous cherchons à produire **à moindre coût** (= le moins cher possible),
aussi rapidement que possible, des produits de meilleure qualité. »

B. ÉTAPES DE LA PRODUCTION

Max Jobert : « Nous commençons par **concevoir** les produits. Ensuite, nous organisons
le processus de production : nous choisissons le matériel, nous organisons **les tâches**
(le travail) des ouvriers, etc. À la fin, nous **contrôlons la qualité** des produits. »

C. MODES DE PRODUCTION

Voici différents modes de production :
■ Production **à l'unité** : réalisation d'un projet unique (ex. : une fusée).
■ Production **en petite série** : en petite quantité (ex. : des avions).
■ Production **en grande série** : fabrication de **produits standardisés**. On parle aussi de **production de masse** ou de **production à la chaîne.**
■ Production **continue** ou **en continu** : production réalisée sans interruption. Le travail est réalisé par **des équipes d'ouvriers** qui se succèdent nuit et jour. On utilise **le travail posté** : les 24 heures d'une journée sont divisées en périodes de travail.
■ **Ateliers flexibles** :
Max Jobert, de nouveau : « Notre usine comprend quatre ateliers flexibles. Ces ateliers sont dits « flexibles » parce que nous pouvons à tout moment adapter la production à **l'évolution de la demande**. Nous réalisons ainsi une production qui est à la fois individualisée et en grande série. La production est **automatisée** et **informatisée**. L'usine est **équipée de robots** et d'**ordinateurs**. Deux **informaticiens** s'occupent exclusivement des questions **informatiques**. »

Construction d'une fusée

E X E R C I C E S

1 Complétez les mentions manquantes.

1.

Grâce à la baisse du prix du pétrole, nous avons r _____ nos c _____ de p _____ de 10 %.

2.

Il faut produire toujours plus vite, les d _____ sont de plus en plus difficiles à r _____ .

3.

Nos équipes travaillent en c _____ , 24 heures sur 24.

4.

Notre objectif : le zéro défaut. C'est pourquoi nous c _____ de très près la q _____ des produits.

5.

L'usine est é _____ de robots, notre production est entièrement a _____ .

6.

Grâce à notre m _____ de production très f _____ , nous pouvons nous adapter rapidement à l'é _____ de la d _____ .

7.

Dans le service i _____ travaillent une dizaine d'i _____ .

2 À quel type de production correspond chacune des situations suivantes ?

	À L'UNITÉ	EN PETITE SÉRIE	DE MASSE
1. Une entreprise fabrique des trains à grande vitesse.	☐	☐	☐
2. Des ouvriers construisent un pont.	☐	☐	☐
3. Un metteur en scène réalise un film.	☐	☐	☐
4. Michelin fabrique des pneus.	☐	☐	☐
5. Dans cette usine, on fabrique des savons.	☐	☐	☐
6. Les Chinois construisent un satellite.	☐	☐	☐
7. La Poste fabrique des timbres de collection.	☐	☐	☐
8. Un tailleur fait des vêtements sur mesure.	☐	☐	☐

3 Vrai ou faux ?

	VRAI	FAUX
1. Les produits standardisés sont fabriqués en grande série.	☐	☐
2. Pour produire en continu, on utilise le travail posté.	☐	☐
3. Avant de concevoir les produits, il faut contrôler leur qualité.	☐	☐

35

PRODUCTIVITÉ

A. PRODUCTIVITÉ ET RENTABILITÉ

Max Jobert, directeur de la production de la société Technitec, explique ce qu'est **la productivité** :

« C'est le rapport entre le résultat obtenu et les efforts qui ont été nécessaires pour obtenir ce résultat. Une entreprise est **productive** quand elle produit efficacement. Autrement dit, être productif, c'est être efficace. Quand nos ouvriers produisent plus efficacement – c'est-à-dire mieux et plus vite -, on dit que **la productivité du travail** augmente. Grâce à une meilleure productivité, Technitec est devenue plus **rentable** (= profitable). Nous avons augmenté notre **rentabilité** = nous gagnons plus d'argent. »

B. FACTEURS DE PRODUCTIVITÉ

Max Jobert : « Pour être productive, une entreprise, qu'elle soit grande ou petite, doit :
– disposer de bons **outils (biens) de production** ;
– être bien **organisée** ;
– employer une **main-d'œuvre** (des travailleurs) **qualifiée** et **motivée**. »

C. COÛTS DE PRODUCTION

Il existe deux types de coûts de production :
– les **coûts fixes** : ils ne dépendent pas de la quantité produite. Ex. : loyer d'un immeuble.
– les **coûts variables** : ils varient avec la quantité produite. Ex. : matières premières, énergie.

D. GAINS DE PRODUCTIVITÉ

Une entreprise **gagne en productivité** = **augmente sa productivité** quand elle produit plus sans augmenter **les coûts de production**.

Pour être **compétitives** = pour **résister à la concurrence** (= la compétition), les entreprises cherchent à augmenter leur productivité « Nous devons produire plus et moins cher des produits de meilleure qualité. », explique Max Jobert.

Dans les pays de l'Union européenne, il fallait en moyenne 500 heures de travail en 1960 pour acheter une machine à laver. En 1980, il en fallait 100. Aujourd'hui, il en faut seulement 30. Les **gains** (= l'augmentation) **de productivité** entraînent une augmentation **du niveau de vie** de la population. Ils permettent d'augmenter **le pouvoir d'achat** des **ménages (consommateurs)**, qui peuvent acheter plus en travaillant moins.

Production agroalimentaire

1 Coûts fixes ou coûts variables ?

	FIXES	VARIABLES
1. Les assurances contre l'incendie des locaux.	☐	☐
2. Le salaire du directeur administratif.	☐	☐
3. Le chauffage du bureau du directeur administratif.	☐	☐
4. Les commissions versées aux vendeurs.	☐	☐
5. L'électricité consommée par les machines.	☐	☐
6. Les frais de transport.	☐	☐

2 Complétez les mentions manquantes.

1. Pour faire face à la c _____ , les entreprises doivent être p _____ .

2. Depuis qu'ils ont modernisé leur o _____ de p _____ , les g _____ de productivité ont augmenté de 15 % et l'entreprise est devenue r _____ .

3. Le p _____ d'a _____ d'un ouvrier augmente si son salaire augmente plus vite que les prix.

4. La productivité est faible pour deux raisons : l'entreprise est mal o _____ et le personnel n'est pas m _____ .

5. Dans un pays développé, la m _____ d'o _____ est généralement q _____ et le n _____ de v _____ des habitants est élevé.

3 Une entreprise améliore-t-elle la productivité du travail dans les cas suivants ?

	OUI	NON
1. Elle a créé trois postes supplémentaires, mais le niveau de production n'a pas varié.	☐	☐
2. Elle a réduit le coût du travail de 10 % et la production a baissé de 5 %.	☐	☐
3. Le niveau de production ne varie pas alors que plusieurs emplois ont été supprimés.	☐	☐
4. Le temps de travail et la production ont augmenté de 10 %.	☐	☐

36 RECHERCHE ET DÉVELOPPEMENT

A. DE LA RECHERCHE AU DÉVELOPPEMENT

La mise au point d'un produit passe souvent par les trois **phases** (étapes) suivantes :
– Phase 1 : **la recherche fondamentale.**
– Phase 2 : **La recherche appliquée.**
– Phase 3 : **Le développement du produit.**

Henri Tissier dirige **le laboratoire** d'une entreprise pharmaceutique. Il parle de **recherche et développement** :

« Notre **labo** emploie 19 **chercheurs**. Nous **mettons au point** des médicaments anti-infectieux.

Nous travaillons **en partenariat** (= en association) avec **un centre de recherche** universitaire installé à Paris. Ce centre est très réputé (connu) dans **les milieux scientifiques**. Ses **découvertes** sont régulièrement **publiées** dans des **revues spécialisées**.

Dans notre laboratoire, **nous faisons** surtout **de la recherche** appliquée, c'est-à-dire que nous recherchons des **applications industrielles**. Après avoir **découvert** un nouveau médicament, nous passons à la phase de développement : nous **pratiquons** de nombreux **tests** (ou **essais**), nous contrôlons **la fiabilité** du produit, pour nous assurer qu'il peut être utilisé sans problème.

Finalement, nous devons obtenir **l'agrément** (= l'autorisation) de l'administration pour avoir le droit de vendre le nouveau médicament. »

B. VEILLE TECHNOLOGIQUE

Jean-Michel Combe dirige une société privée de veille technologique. Il explique ce qu'est **la veille technologique** :

« Elle consiste à surveiller l'environnement et principalement les concurrents. C'est une sorte d'**espionnage industriel** légal. Les Américains parlent d'« intelligence service ». Aujourd'hui, les **procédés de fabrication** et les produits eux-mêmes sont vite **obsolètes** (= vieillis). Pour survivre, l'entreprise doit continuellement s'adapter au **progrès technologique**, utiliser **une technologie de pointe** (= **high tech**), **innover** (changer, inventer). **Une obsolescence** (= un vieillissement) détectée trop tard peut être fatale (mortelle) pour l'entreprise.

L'objectif final de la veille technologique, c'est **l'innovation**, qui permet à l'entreprise de s'adapter aux **mutations** (= changements) de plus en plus rapides de son environnement. **La collecte** d'informations est parfaitement légale. Vous pouvez trouver 90 % des informations dans la presse, dans les **rapports** d'**experts**, sur Internet, dans les documentations commerciales et même dans les publicités de vos concurrents. »

E X E R C I C E S

1 **Complétez les mentions manquantes.**

1. Grégoire Delaporte dirige un centre de r _____ à Montréal.

2. C'est un c _____ de haut niveau.

3. Il est très connu dans les milieux s _____ .

4. Son équipe a réalisé plusieurs d _____ importantes.

5. Les résultats de ses travaux sont p _____ dans des r _____ spécialisées.

2 **Mots croisés.**

Horizontalement

1. Association d'entreprises, d'institutions en vue de mener une action commune. *Ex. : un accord de …*

2. Mouvement en avant. *Ex. : les … de la médecine.*

3. Changement, nouveauté. *Ex. : une … scientifique.*

4. Essai. *Ex. : un … de laboratoire.*

5. Spécialiste. *Ex. : un … en acoustique.*

6. Recueil d'informations. *Ex. : la … des données d'une enquête.*

7. Étape d'une évolution. *Ex. : la première … d'une maladie.*

Verticalement

a. Surveillance. *Ex. : la … technologique.*

b. Dépréciation. *Ex. : l'… d'une machine.*

c. Aptitude d'un matériel ou d'un système à fonctionner sans problème. *Ex. : un appareil de grande …*

d. Permission. *Ex. : il a besoin de l'… du directeur.*

e. Méthode employée pour parvenir à un certain résultat. *Ex. un … de fabrication.*

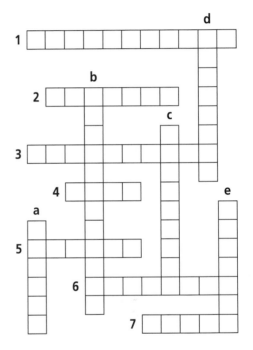

37 PROPRIÉTÉ INTELLECTUELLE

A. DÉPÔT DE BREVET

Un brevet est un certificat qui protège **une invention**.

Claire Flageul travaille à l'INPI (Institut National de Propriété Intellectuelle), à Paris. Elle parle du **dépôt de brevet** :

« Celui qui a **inventé** quelque chose est **l'inventeur**. Il est **propriétaire** de son invention. Pour garantir **son droit de propriété**, il a intérêt à **faire un dépôt** de brevet auprès d'un organisme public, comme l'INPI. Les brevets que nous **délivrons** protègent l'invention pendant une durée déterminée. Mais attention ! Seules les inventions **susceptibles** (capables) **d'applications industrielles** sont **brevetables**. Une simple idée n'est pas brevetable.

Le titulaire (propriétaire) d'un brevet bénéficie d'une **protection juridique** pour **l'exploitation exclusive** du brevet. Il a **un monopole d'exploitation**, c'est-à-dire qu'il est le seul à pouvoir **exploiter** l'invention **brevetée** dans le ou les pays où il a **déposé le brevet**. Parfois, l'inventeur n'exploite pas lui-même son invention. Il autorise **un tiers** (une autre personne) à utiliser son brevet. En contrepartie, il reçoit une somme d'argent, appelée **une redevance**. Cette autorisation s'appelle **une licence**. Le contrat entre l'inventeur et ce tiers s'appelle **un contrat de licence**. »

B. DESSINS, MODÈLES, MARQUES

Claire Flageul : « À l'INPI, il est également possible de déposer :
– **un modèle de fabrique : un dessin** ou un objet (par exemple : **un prototype**, c'est-à-dire le premier exemplaire pour une fabrication industrielle),
– **une marque :** un nom, **un logo**, etc.

C. PROPRIÉTÉ LITTÉRAIRE ET ARTISTIQUE

La propriété littéraire et artistique concerne les droits des écrivains et des artistes sur leurs **œuvres**.

Le droit d'auteur permet à l'auteur d'exploiter son œuvre à son profit pendant une durée déterminée. En règle générale, la protection du droit d'auteur dure pendant la vie de l'auteur et subsiste 50 ans après sa mort au profit des héritiers. Passé ces 50 ans, l'œuvre **tombe dans le domaine public**.

En résumé, voici les différents domaines de la propriété intellectuelle :

Propriété intellectuelle	Propriété industrielle	Brevets
		Modèles
		Marques
	Propriété littéraire et artistique	

1 Voici deux articles extraits de la loi sur la propriété industrielle. Complétez les mentions manquantes.

PROPRIÉTÉ INDUSTRIELLE

Art 2. Les br _____ d'in _____ sont

dé _____ pour une du _____ de vingt

ans à compter du dé _____ de la demande.

Ils confèrent (donnent) à leur ti _____ un droit

ex _____ d'ex _____ .

Art. 10. Sont br _____ les inventions nouvelles

impliquant une activité inventive et su _____

d'ap _____ industrielle.

2 Mots croisés.

Horizontalement

1. Symbole graphique servant à distinguer un produit ou une entreprise.

2. Nouveauté scientifique ou technique.

3. Conjonction de coordination.

4. Mot ou groupe de mots servant à désigner un produit ou une entreprise.

5. Signe servant à distinguer un produit de celui de la concurrence.

Verticalement

a. Autorisation d'exploiter un brevet d'invention.

b. Objet servant de prototype à une fabrication industrielle.

c. Quelqu'un d'autre.

d. Ce qui est permis conformément à la loi.

e. Production littéraire ou artistique.

f. Représentation d'un objet sur une surface (papier ou informatique).

3 Vrai ou faux ?

	VRAI	FAUX
1. En principe, le titulaire d'un brevet d'invention bénéficie d'un monopole d'exploitation de son invention dans le monde entier.	☐	☐
2. Selon le contrat de licence, il doit payer une redevance à l'autre partie.	☐	☐
3. Après une certaine période, les droits d'auteur tombent dans le domaine public.	☐	☐

38

SOUS-TRAITANCE

A. LA SOUS-TRAITANCE, QU'EST-CE QUE C'EST ?

Axelle Rougier travaille comme **ingénieur de production** chez un **constructeur** automobile. Elle explique ce qu'est **la sous-traitance** :

« Dans la sous-traitance, une entreprise, appelée **le donneur d'ordre**, confie une partie de sa production à une autre entreprise, **le preneur d'ordre**, qu'on appelle aussi **le sous-traitant**.

Dans les voitures que nous fabriquons, environ 70 % de l'équipement de base est fabriqué par des sous-traitants. Nous les appelons des **équipementiers**. Ils **sont spécialisés dans** la fabrication de **pièces détachées**. Quant à nous, nous nous limitons de plus en plus à **l'assemblage**, c'est-à-dire à **assembler** ces pièces.

Nous nous recentrons (= nous nous concentrons) **sur** notre **métier de base,** c'est-à-dire sur **le cœur**

Assemblage d'une automobile

de notre métier : **la conception** des voitures. Bientôt peut-être, nous n'aurons plus d'usines. Il ne nous restera plus que **le bureau d'études**. »

B. EST-CE LA MEILLEURE SOLUTION ?

Une entreprise **sous-traite** (= fait faire) sa production. On dit aussi qu'elle **externalise** sa production (elle fait faire à l'extérieur).

Axelle Rougier : « **L'externalisation** est une solution intéressante car elle permet d'être plus **flexible**. Mais elle pose aussi des problèmes. Quand il y a une multitude de sous-traitants spécialisés, comme chez nous, l'organisation de la production devient très complexe.

D'abord, nous devons rédiger en détail **le cahier des charges** (= **le contrat de sous-traitance**) entre nous et le sous-traitant. Ensuite, nous devons **assurer le suivi** de ce cahier des charges, c'est-à-dire contrôler que le produit **livré** est bien **conforme à** ce qui a été demandé.

Souvent, nous devons communiquer au sous-traitant des informations sur nos **méthodes de fabrication**. Nous pouvons même lui **révéler** des **secrets de fabrication**. Ces informations sont **confidentielles** (secrètes), et le sous-traitant ne doit pas les **divulguer** (= révéler). Mais on ne peut jamais être sûr. »

« La sous-traitance n'est pas toujours le meilleur moyen d'organiser la production », conclut Axelle Rougier.

E X E R C I C E S

1 Dites qui parle. Le donneur d'ordre (DO) ou le sous-traitant (ST) ?

> La sous-traitance nous permet de réduire nos coûts de production et d'être plus flexibles.

1. *DO*

> Nous dépendons d'un seul client.

4. _____

> Nous devons respecter les délais de livraison.

2. _____

> Nous devons faire attention à ne pas leur révéler tous nos secrets de fabrication.

5. _____

> Notre personnel a peur que l'externalisation des tâches entraîne une suppression de postes.

3. _____

> Nous sous-traitons quand nous manquons de savoir-faire pour fabriquer tel ou tel produit.

6. _____

2 Entourez la bonne réponse.

1. Pour rester compétitives, beaucoup de grandes entreprises | sous-traitent | assemblent | une partie de leur | production | équipement |. Elles | se recentrent | sont spécialisées | sur leur métier | de base | de cœur |.

2. Ainsi, les | constructeurs | équipementiers | automobiles sous-traitent à des | constructeurs | équipementiers | la fabrication des pièces | détachées | spécialisées |.

3. Dans les | usines | bureaux d'études |, les ouvriers s'occupent de | l'assemblage | la conception |. Dans les | usines | bureaux d'études |, les ingénieurs travaillent à | l'assemblage | la conception | des voitures.

4. Le | donneur d'ordre | sous-traitant | a de nombreuses obligations. Il doit livrer des produits | conformes | confidentiels | au cahier | des charges | de sous-traitance |.

5. Si le | donneur d'ordre | sous-traitant | lui a | externalisé | révélé | des informations | conformes | confidentielles |, voire des | secrets | ordres | de fabrication, le sous-traitant n'a pas le droit de les | externaliser | divulguer |.

39

GESTION DE STOCKS

A. INVENTAIRE

Les stocks sont des **marchandises** que l'entreprise a **en réserve** et qu'elle veut :
– soit vendre,
– soit utiliser pour fabriquer un produit.

Dans les stocks, on trouve :
– des **produits finis** : ils sont prêts à être vendus.
– des **produits semi-finis** : ils ne sont pas encore tout à fait finis ;
– des **pièces détachées** ;
– des **emballages** (packaging) ;
– des **matières premières** (l'acier, le bois, etc.)

Ces différentes marchandises sont **stockées** (= **entreposées**) dans un bâtiment spécial, qu'on appelle **un entrepôt** ou **un magasin**.
NOTE : **un magasin** est aussi une boutique ou un commerce où vous pouvez faire vos achats. Ex. : un magasin d'alimentation, un magasin de vêtements, etc.

Un entrepôt

Le stockage doit être fait dans de bonnes conditions pour conserver les marchandises en bon état. **Gérer** (administrer) les stocks coûte cher. **Les frais de stockage** – ou **coûts de stockage** - comprennent les frais de **manutention** et d'**entretien** (= de **maintenance**) des marchandises, la surveillance du magasin, les assurances, etc.

Pour connaître précisément les stocks de l'entreprise, **on fait l'inventaire** des stocks. Quand les stocks sont importants, on dit que **le niveau des stocks** est **élevé**

Quand l'entreprise n'a plus de marchandise en stock, on dit qu'elle **est en rupture de stock**. Une rupture de stock peut avoir plusieurs causes. Par exemple :
– **le fournisseur** n'a pas livré **dans les délais** (il est en retard) ;
– l'entreprise a **écoulé** (vendu) la marchandise plus vite que prévu ;
– le responsable des achats a oublié d'**approvisionner** (= d'acheter les marchandises pour) le magasin.

B. JUSTE À TEMPS

Axelle Rougier, ingénieur de production, explique comment les stocks sont gérés dans son entreprise :
« Comme les stocks coûtent cher, nous travaillons **à flux tendus**, c'est-à-dire que **nous nous approvisionnons** en pièces détachées (nous achetons des pièces détachées) au dernier moment, une fois la production lancée. Notre objectif : **le zéro-stock**.
Les sous-traitants nous livrent **juste à temps**, c'est-à-dire juste au moment où nous avons besoin des pièces. De cette façon, nous n'avons pas besoin de stocker la marchandise.
Mais cette organisation comporte un risque : le moindre **retard de livraison** peut paralyser la production. »

EXERCICES

1 Complétez les mentions manquantes de cet extrait d'interview.

1. – De quoi se composent vos stocks ?

   – De p _____ f _____, qui sont prêts à être vendus.

2. – Où sont-ils e _____ ?

   – Dans notre e _____ central, à Senlis.

3. – Sont-ils importants ?

   – Cette année, avec la crise, nous n'avons pas réussi à é _____ nos stocks. Leur n _____

   est donc très é _____ et nous avons des f _____ de s _____ importants.

4. – Vous arrive-t-il d'être en r _____ de stock ?

   – Rarement. Généralement, nous veillons à nous a _____ à temps.

5. – Vos fournisseurs vous livrent-ils toujours dans les d _____ ?

   – Toujours, non. Mais dans l'ensemble, il y a peu de r _____ de l _____.

2 Complétez le texte ci-dessous avec les mots ou expressions suivants :
fournisseurs – gestion des stocks – juste-à-temps – matières premières – zéro stock

La méthode du (1) _____ est une méthode de (2) _____ qui vise (a pour objectif)

le (3) _____. Pour cela, les (4) _____ et les pièces détachées sont livrées juste avant qu'on en

ait besoin. Cette méthode nécessite une parfaite coordination entre l'entreprise et ses (5) _____.

3 Mots croisés.

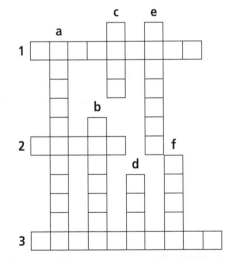

Horizontalement

1. Packaging. *Ex. : papier d'...*

2. S'occuper de (quelque chose). *Ex. : ... les stocks.*

3. Description détaillée d'un ensemble de choses.
   Ex. : faire l'... d'un magasin.

Verticalement

a. Déplacement manuel ou mécanique de marchandises.
   Ex. : la ... des bagages.

b. Provision, stocks. *Ex. : du bois en ...*

c. Mouvement, déplacement. *Ex. : ... tendus.*

d. Montant, prix. *Ex. : le ... d'une marchandise.*

e. Entrepôt. *Ex. : dépôt des marchandises dans le ...*

f. Temps accordé pour faire quelque chose. *Ex. : le ... de livraison.*

40 RISQUES INDUSTRIELS

A. HYGIÈNE

Alice Boisseau est responsable du personnel chez Navel, une entreprise de construction mécanique. Elle parle de **l'hygiène** dans l'usine :

« J'attache beaucoup d'importance à l'hygiène, c'est-à-dire à tout ce qui **préserve** (protège) la santé des ouvriers. Dans notre entreprise, les **maladies professionnelles** (= maladies causées par le travail) n'existent pas.

Je fais attention à la **propreté** de nos ateliers, à **l'aération**, au **chauffage**, à **l'éclairage**, **au bruit**, aux **installations sanitaires**, bref, à tout ce qui permet de travailler dans de bonnes conditions. Si vous visitez nos ateliers, vous verrez qu'ils sont **propres**, bien **aérés** (il y a de l'air), bien **chauffés**, bien **éclairés**, peu **bruyants**.

De bonnes **conditions de travail** favorisent une bonne **ambiance** (atmosphère) **de travail**. Chez nous, il y a peu d'**absentéisme** : les ouvriers ne sont pas souvent absents, ils ne prennent pas de **congé de maladie** pour un petit rhume. »

B. SÉCURITÉ

Michel Lopez est « **responsable sécurité** » chez Navel. Il parle de son travail :

« Mon travail consiste à **évaluer** (calculer) et à **gérer les risques**. En plus des **prescriptions** (ordres) de la loi, j'ai moi-même établi un certain nombre de règles, qui sont inscrites dans **le règlement intérieur** de l'usine. Il s'agit de **mesures de prévention**, car mon rôle est de **prévenir** les accidents, non pas de guérir les malades. Par exemple, tous les ouvriers de l'atelier 3 doivent **porter** des gants de protection. De même, **le port** d'un masque est **obligatoire** pour l'utilisation de certaines machines.

Mais **le risque zéro** n'existe pas. Cette année encore, malheureusement, un ouvrier a été victime d'un grave **accident du travail**. »

Risques du travail

C. ENVIRONNEMENT

Les entreprises consomment des énergies, elles produisent des **déchets** (des restes qu'il faut jeter), elles génèrent de la **pollution** et des **nuisances** (elles nuisent / sont un danger pour la qualité de la vie). Certaines **polluent** et ne **respectent** pas **l'environnement**.

Mais, chez Navel, on se préoccupe beaucoup de **la protection de l'environnement**. « Nous sommes une entreprise responsable », conclut Alice Boisseau.

EXERCICES

1 **Trouvez la cause.**

1. Il fait un froid de canard ici !	⇒ **e**	a. Le système d'aération est défectueux.
2. C'est un peu sale chez lui !	⇒ ...	b. L'éclairage n'est pas très bon.
3. On ne voit rien dans cette pièce !	⇒ ...	c. La propreté n'est pas son fort.
4. On étouffe, l'air est irrespirable !	⇒ ...	d. Il n'y a aucun risque.
5. Il n'entend pas bien ce que vous dites.	⇒ ...	e. Le chauffage ne fonctionne pas.
6. Ce n'est pas un travail dangereux.	⇒ ...	f. Les machines font beaucoup de bruit.

2 **Entourez la bonne réponse.**

1. Dans cette entreprise, il y a une très bonne ambiance   prévention de travail.

2. C'est bien connu, mieux vaut guérir   prévenir que guérir   prévenir .

3. Certaines entreprises sont accusées de ne pas respecter l'environnement   la pollution .

4. Il y a des fuites d'eau, il faudrait refaire les installations professionnelles   sanitaires .

5. Comme le personnel n'est pas très motivé, il y a beaucoup d'absentéisme   de risques .

6. Il n'y pas assez de lumière dans les ateliers, c'est mal éclairé   aéré .

3 **Complétez les mentions manquantes.**

1. Le r _____ intérieur de l'entreprise est affiché à l'entrée de l'usine.

2. Le p _____ d'un casque est o _____ sur le chantier.

3. Les d _____ industriels p _____ les rivières.

4. Malgré les nombreuses mesures de p _____, il y a eu un accident du travail dans l'usine.

5. La tâche du responsable sécurité consiste à é _____ et à g _____ les risques.

6. Les c _____ de t _____ concernent principalement l'h _____ et la s _____.

4 **Complétez les phrases.**

1. Les mesures d'hygiène ont pour objectif (but) de _____

2. Une maladie professionnelle trouve son origine dans _____

3. Quand il est sérieusement malade, un salarié doit _____

4. Une nuisance, c'est quelque chose qui _____

5. Toute entreprise responsable devrait _____

PRODUCTION

41 INDICATEURS ÉCONOMIQUES

A. MESURES DE LA PRODUCTION

La valeur ajoutée	C'est la richesse créée = biens et services produits (principalement par les entreprises).
Le PIB	**Le produit intérieur brut (PIB)** d'un pays est la valeur des biens et services produits pendant une année à l'intérieur de ce pays.
La croissance	C'est l'augmentation du PIB.

B. CYCLES ÉCONOMIQUES

Les cycles économiques sont des **fluctuations** (= **variations**) plus ou moins régulières de **la conjoncture** (= situation) économique. Voici les différentes **phases** (périodes) d'un cycle économique :

Croissance du PIB | **Crise**

Expansion | **Dépression** ou **récession** | **Stagnation** | **Reprise**

L'expansion	C'est une phase de croissance : le PIB **progresse** (= augmente).
La crise	C'est le passage d'une phase d'expansion à une phase de dépression.
La dépression	C'est **une chute** (= forte et brutale diminution) de la production. Quand la production diminue **faiblement**, on parle d'**une récession**.
La stagnation	La production **stagne** (elle n'augmente pas et elle ne diminue pas). La croissance est **nulle** (= zéro).

Ces différentes phases s'accompagnent de variations plus ou moins importantes des prix. On parle d'**inflation** quand les prix **montent** (augmentent) et de **déflation** quand les prix **baissent**.

L'INFLATION REPART EN EUROPE

L'INFLATION a de nouveau **fortement** augmenté en mai dans **la zone euro**, pour **atteindre une hausse** de 3,4 % sur un an, **un chiffre record** depuis 1993. **Le taux d'inflation** annuel de la zone euro **s'établissait** à 2,9 % en avril....

C. MONDIALISATION

Autrefois, les crises étaient **localisées** (= limitées) à un secteur de **l'activité économique** ou à un pays. Mais aujourd'hui, en raison des **progrès des communications** et des **transports**, de **la libéralisation des échanges** (dans le commerce international), le monde est devenu un vaste marché. Avec **la mondialisation** de l'économie, les crises sont devenues mondiales.

1 **Complétez le texte avec les mots suivants :**
dépressions – cycles – phases – crises – récessions – taux

Les économistes ont d'abord analysé les (1) _____ économiques comme des accidents, irréguliers et imprévisibles. Puis s'est développée la thèse des (2) _____ économiques réguliers et de durée déterminée.

Ces cycles comprennent quatre (3) _____ : expansion, crise, dépression, reprise.

Aujourd'hui, les (4) _____, caractérisées par une chute importante de la production, ont laissé place à des (5) _____, caractérisées par une légère baisse du (6) _____ de croissance de la production.

2 **À l'aide du graphique ci-contre, complétez les phrases suivantes.**

1. En janvier et février, l'activité économique a s _____ .
2. En mars, elle a légèrement p _____ .
3. En avril, elle a f _____ b _____ .

3 **Les phrases suivantes sont extraites de la presse économique. Entourez la bonne réponse.**

1. Le groupe PPX a annoncé un chiffre d'affaires | intérieur | record | de 230 millions d'euros.
2. La BCE (Banque centrale européenne) prévoit une | activité | croissance | nulle dans la | région | zone | euro au deuxième trimestre.
3. | La déflation | l'inflation | continue : les prix ont encore baissé lors des six derniers mois.
4. L'industrie chimique est principalement | localisée | créée | dans la vallée du Rhône.
5. Le chiffre d'affaires de la société Ribox a légèrement baissé, mais son bénéfice est | en chute | en hausse | de 4 %.

4 **Dans la liste ci-dessous, retrouvez deux causes à la mondialisation de l'économie.**

■ La conjoncture économique s'est nettement améliorée.
■ Les entreprises créent plus de valeur ajoutée.
■ Il est devenu plus facile de transporter les marchandises et les personnes.
■ L'économie mondiale a échappé à la récession.
■ La libéralisation des échanges s'est considérablement développée.
■ Les fluctuations de l'activité économique sont restées limitées.

MARKETING

42 AGENTS DU MARCHÉ

A. QU'EST-CE QU'UN MARCHÉ ?

Avant de vendre un produit, l'entreprise doit savoir *quoi* vendre et *à qui*. Elle doit savoir *où* vendre, *comment* vendre, *quand* vendre, etc. Bref, avant toute chose, l'entreprise doit connaître **le marché**. « Connaître avant d'agir », c'est l'idée force du marketing.

Le marché est *un lieu de rencontre* entre des **agents économiques** qui vendent et achètent des produits divers (biens, services, etc.). L'entreprise vend ses biens ou ses services **sur** un marché où elle trouve des **concurrents**, des **distributeurs**, des **consommateurs**.

NOTE : Le mot « **marché** » a un autre sens. Il désigne également les **clients, actuels** et **potentiels** (= possibles). Dans ce sens, on peut aussi parler d'**un débouché**. Par exemple : Avec l'apparition du DVD, le marché (= le débouché = les clients) pour les cassettes vidéo a disparu.

B. CONCURRENTS

La **libre concurrence** est une caractéristique de **l'économie de marché**. Sur **un marché concurrentiel**, les entreprises **sont en concurrence** les unes avec les autres. Souvent la concurrence est très **vive**. Une petite entreprise peut difficilement **concurrencer un** grand **groupe**.

C. DISTRIBUTEURS

Les distributeurs sont **des intermédiaires** entre **le producteur** et **le consommateur final**.

Le circuit de distribution peut être direct, court ou long :
– **Circuit direct** : Producteur → Consommateur
– **Circuit court** : Producteur → **Détaillant** → Consommateur
– **Circuit long** : Producteur → **Grossiste** → Détaillant → Consommateur

Le grossiste achète **en gros** (= en grandes quantités) au producteur et revend au détaillant. Le détaillant vend **au détail** (= en petites quantités) au **consommateur final**.

D. DU CÔTÉ DES CONSOMMATEURS

Le consommateur ou l'utilisateur final	Il **consomme** ou utilise un bien ou un service pour un usage non professionnel.
Le consommateur intermédiaire	Il consomme un bien ou un service pour produire un autre bien ou un autre service. Exemple : le boulanger achète de la farine pour faire du pain.
Le prescripteur	Il conseille. Parfois, il décide. Exemple : un médecin, pour des médicaments.

Attention ! **L'acheteur** n'est pas toujours le consommateur ou l'utilisateur. Par exemple : un père achète un jouet pour son enfant. Le père est l'acheteur, l'enfant est l'utilisateur.

E X E R C I C E S

1 **Qu'est-ce que c'est ?**

1. Un client qui pourrait acheter le produit dans le futur : c'est un client _____ .

2. Une concurrence qui peut s'exercer librement, sans l'intervention de l'État : c'est une _____ .

3. Une économie où le prix des biens et des services est fixé librement par le vendeur et l'acheteur : c'est une _____ .

4. Un marché où s'exerce la concurrence : c'est un _____ .

5. Le chemin qui conduit un produit du producteur au consommateur : c'est un _____ .

6. Un commerçant qui achète en gros et qui revend au détail : c'est un _____ .

2 **Complétez les mentions manquantes.**

1. Le p _____ produit, le d _____ distribue, le p _____ conseille, l'a _____ achète, le consommateur c _____ .

2. En Chine, le m _____ des produits de confiserie atteint 5 milliards de dollars. Shanghai est considérée comme le meilleur d _____ .

3. Julien Rondeau, directeur de marketing : « L'objectif de l'activité marketing n'est pas de se battre contre des c _____ , mais de répondre aux besoins des c _____ . »

3 **Consommateur, utilisateur, acheteur ou prescripteur ?**

1. Un expert-comptable conseille à un client un système de gestion.   *Prescripteur*

2. Un professeur demande à ses étudiants d'acheter son livre.   _____

3. Un employé de bureau travaille sur un ordinateur.   _____

4. Un particulier passe une commande sur Internet.   _____

5. Un chien mange des croquettes de bœuf.   _____

4 **Dans chacun des cas suivants, dites si le circuit de distribution est direct, court ou long.**

	DIRECT	COURT	LONG
1. Le producteur vend directement au détaillant.	☐	☐	☐
2. Il n'y a pas d'intermédiaire entre le producteur et le consommateur.	☐	☐	☐
3. Les produits sont d'abord stockés chez un grossiste.	☐	☐	☐
4. Une société de vente par correspondance achète directement au producteur.	☐	☐	☐

43

ÉTUDE DE MARCHÉ

A. SEGMENTATION

Pendant des années, Henri Ford a vendu un seul modèle de voiture, en une seule couleur, à des centaines de milliers d'Américains : c'était la Ford T noire.

Mais aujourd'hui, en général, une entreprise ne peut pas proposer un même produit à une large population. Elle est obligée de **segmenter** son marché, c'est-à-dire de diviser le marché en plusieurs groupes d'individus ayant des caractéristiques communes. Ces groupes s'appellent des **segments**.

Pour constituer ces différents segments, on utilise des **critères de segmentation** : l'âge, le sexe, le revenu, la profession, le niveau d'éducation, etc. Il faut choisir un ou des critères **pertinents** (appropriés). Par exemple, le niveau d'éducation ne serait pas un critère pertinent pour vendre un savon.

Cibler un marché consiste à choisir un segment comme **cible** (= objectif). Une entreprise peut cibler **un segment de marché** plus ou moins important. Un segment très petit, pour lequel il n'existe pas ou pratiquement pas de concurrence, s'appelle **un créneau** ou **une niche**. L'entreprise vend des produits différents à chacun de ces segments. Coca Cola, par exemple, vend du « Coca light » aux femmes, du « Coca sans caféine » aux écologistes, de grandes bouteilles aux familles, etc.

Pour bien définir ces différents segments, les entreprises **font des études de marché**. Elles **réalisent** des **marché-tests**, c'est-à-dire qu'elles **mettent** le produit **en vente** dans un magasin pendant un certain temps afin d'étudier les réactions des consommateurs. Au moyen d'**un questionnaire**, elles réalisent également des **enquêtes de marché**. **Le sondage** est un type d'enquête réalisée auprès d'**un échantillon** (petit groupe représentatif de consommateurs).

B. CYCLE DE VIE

Les produits ne sont pas éternels. Comme les êtres vivants, ils naissent et ils meurent. Il est important d'observer le marché pour savoir à quel moment de sa vie se trouve le produit. Car il ne faut pas attendre que le produit soit mort pour le remplacer.

Le cycle de vie ou **la courbe de vie** d'un produit comprend les quatre **phases** suivantes :

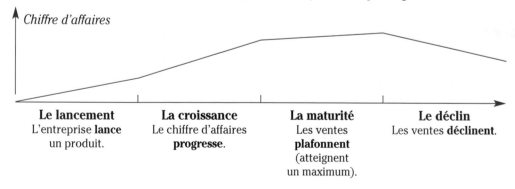

Chiffre d'affaires

Le lancement	**La croissance**	**La maturité**	**Le déclin**
L'entreprise **lance** un produit.	Le chiffre d'affaires **progresse**.	Les ventes **plafonnent** (atteignent un maximum).	Les ventes **déclinent**.

1 Pour chaque produit, choisissez le critère de segmentation le plus pertinent.

		Critères de segmentation
1. Un appareil pour les dentistes.	⇒ *b*	**a.** Le type d'habitat
2. Un parfum.	⇒ …	**b.** La profession
3. Un produit bon marché.	⇒ …	**c.** L'âge
4. Une tondeuse à gazon.	⇒ …	**d.** Le sexe
5. Un jouet.	⇒ …	**e.** La situation géographique
6. Un appareil de chauffage solaire.	⇒ …	**f.** Le revenu

2 *Lancement, croissance, maturité ou déclin ?*
Dites à quelle phase du cycle de vie correspond chaque situation.

1. Les ventes sont importantes, mais il n'existe plus aucune perspective de croissance. ⇒ _____

2. Le nouveau produit est introduit sur le marché. ⇒ _____

3. Le produit est peu à peu abandonné par les consommateurs. ⇒ _____

4. Le produit étant accepté par le marché, les ventes progressent rapidement. ⇒ _____

3 Complétez les phrases avec les verbes suivants :
cibler – lancer – plafonner – réaliser – segmenter

1. Pour atteindre ses cibles, toute entreprise a besoin de _____ le marché.

2. Dans certains pays, le nombre d'utilisateurs d'Internet commencent à _____.

3. Téléfix va _____ un nouveau produit en Europe.

4. Il est important de bien connaître ses clients pour mieux les _____.

5. Ils vont _____ une enquête de satisfaction auprès de leurs clients.

4 Complétez.

1. Vous voulez réaliser une enquête auprès d'un échantillon de clients. Vous réalisez un _____.

2. Avant de lancer un produit dans tout le pays, vous souhaitez connaître les réactions des clients d'une région. Vous réalisez un _____.

3. La société Arthur vend des congélateurs de grande taille. Les principaux clients de cette entreprise sont probablement des _____.

44 IDENTIFIER LE PRODUIT

A. GAMME

Une **gamme** de produits est une série de produits similaires offerts par un producteur (ex. : une gamme de meubles). Une gamme comprend différents **articles**. (ex. : des armoires, des lits, des tables, etc.). Chaque article a **une référence** (ex. : le bureau compact 8996).

On trouve :
– des produits **haut de gamme**, qui sont des produits chers, comme les **produits de luxe**,
– des produits **bas de gamme**, qui sont des **produits courants** et bon marché.

B. POSITIONNEMENT

Le positionnement du produit est l'image que le producteur souhaite donner au produit par rapport aux produits concurrents.

Positionner un produit, c'est mettre en avant une caractéristique de ce produit, comme :
– **le prix** (ex. : « Rex Citron, le plus économique des lave-vaisselle. »),
– **la résistance** (ex. : « Duracel, la pile qui dure très longtemps. »).
Cette caractéristique doit répondre à **un besoin** des consommateurs.

C. MARQUE

La marque, ce n'est pas seulement **un nom**. C'est aussi une couleur (jaune Kodack), une image graphique, **un logo** (= un symbole graphique).

Il existe deux types de marques :
– **Les marques de producteur**
(= **marques de fabrique**) : la plupart des produits sont **commercialisés** sous le **nom de marque** du producteur. On les appelle des **produits de marque**. Ex. : le yaourt Danone. Ces marques n'ont pas toutes la même **notoriété** : elles sont plus ou moins connues. La marque qui a la plus grande notoriété dans le monde est Coca Cola. Les entreprises doivent défendre leur **image de marque** (réputation).

– **Les marques de distributeur :** le distributeur vend le produit sous son nom (ex. : le Yaourt Carrefour). Parfois, il vend des **produits génériques**. Ex. : un yaourt portant le nom de « Yaourt ».

D. CONDITIONNEMENT

Le conditionnement d'un produit, qu'on appelle aussi **l'emballage** ou **le packaging,** est particulièrement important dans les **magasins en libre-service**. Dans ce type de magasin, les clients se servent eux-mêmes, sans l'aide d'un vendeur. *« C'est le conditionnement qui vend le produit »,* explique Pierre Petibon, chef de rayon dans un supermarché.

1   Complétez avec *gamme* ou *marque*.

1. Une bonne _____ doit être facilement mémorisable.

2. Une _____ courte permet à l'entreprise de concentrer ses efforts marketing sur peu de produits.

3. Une _____ longue permet de couvrir un nombre important de segments de marché.

4. Un produit de _____ réputée pour sa qualité se vend plus facilement qu'un autre.

5. Le producteur peut donner la même _____ à des produits différents.

6. La _____ de voitures Renault est très étendue.

7. Cette entreprise n'a pas une bonne image de _____.

8. Cette _____ est connue dans le monde entier.

2   Complétez avec *conditionnement* ou *positionnement*.

1. Le _____ protège le produit.

2. Un bon _____ doit répondre à de véritables besoins du consommateur.

3. Par sa forme et ses couleurs, le _____ doit être facilement reconnaissable.

4. Le _____ détermine en grande partie les décisions que l'on prendra concernant le prix, la communication, la distribution, etc.

5. Dans les magasins en libre service, le _____ est la « carte de visite » du produit.

6. Le _____ facilite le transport du produit.

3   Entourez la bonne réponse.

1. Les | articles | références | de ces | articles | références | se trouvent dans le catalogue.

2. Certains consommateurs ne font confiance qu'aux produits | de marque | génériques |, d'autres préfèrent payer moins cher et acheter des produits | de marque | génériques |.

3. La question suivante est extraite d'un test de | notoriété | résistance | : « Quelles sont les marques de lessive que vous connaissez ? »

4. Un magasin | en libre-service | de luxe | vend principalement des produits haut de gamme.

5. Ce médicament sera bientôt | commercialisé | positionné | dans tous les pays européens.

6. Cette entreprise fabrique des | emballages | logos | en plastique.

45 FIXER LE PRIX

A. PRIX ET COÛTS

Une entreprise doit être **rentable** = elle doit gagner de l'argent. Pour cela, le prix du produit doit être supérieur au **coût** (ou **prix**) **de revient,** c'est-à-dire au coût nécessaire à sa production (= **coût de production**) et à sa distribution.

Le seuil (niveau) **de rentabilité** (= **le point mort**) est le montant du chiffre d'affaires à partir duquel l'entreprise fait des bénéfices.

Le prix TTC (toutes taxes comprises) peut être calculé de la façon suivante :

■ Prix TTC = **Coût de revient + marge** (bénéfice) + **TVA (taxe à la valeur ajoutée)**

B. COURBE DE LA DEMANDE

En général, si le prix augmente, la demande baisse et vice versa. C'est ce qu'on appelle **la courbe de la demande.**

Les consommateurs sont plus ou moins sensibles au prix. On dit que la demande est **élastique** si elle est sensible au prix. **L'élasticité de la demande** par rapport au prix (= **l'élasticité-prix**) peut être **faible** (voire presque nulle) ou **forte** selon les produits.

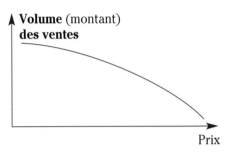

Le prix d'acceptabilité est le prix considéré par le consommateur comme **acceptable** par comparaison avec les prix des concurrents. Pour **déterminer** (= **fixer**) le prix d'acceptabilité d'un produit, on peut réaliser **un test de prix.**

C. TYPES DE PRIX

Un prix		
	administré	prix fixé autoritairement par l'administration.
	de marché	prix fixé par la rencontre de **l'offre** et de **la demande**.
	de lancement	prix **intéressant** au moment du lancement du produit.
	d'appel	prix **attractif** d'un produit pour amener les consommateurs à acheter aussi d'autres produits (du même magasin, de la même gamme, etc.)

D. NIVEAU DES PRIX

Un prix		
	imbattable, sacrifié, bradé	*« C'est donné »*, dit le client.
	avantageux, intéressant, attractif	*« C'est une bonne occasion ! »*
	abordable, raisonnable, modéré	*« Ça va, c'est normal ! »*
	élevé, excessif, exorbitant	*« C'est le coup de barre ! »*

E X E R C I C E S

1 **Classez du moins cher au plus cher.**

☐ Ils proposent des prix très attractifs.

☐ Leurs prix sont exorbitants.

☐ Ils ont des prix imbattables.

☐ Ils ont des prix plutôt modérés.

2 **Complétez avec les chiffres suivants :**

40 – 236 – 36 – 160

Coût de revient   = _____

Marge   = _____

TVA (18 %)   = _____

Prix TTC   = _____

3 **Complétez les mentions manquantes.**

1. Pour ne pas perdre d'argent, l'entreprise doit vendre au dessus du s _____ de r _____.

2. Pour déterminer le p _____ d'a _____ d'un produit, on peut demander à un échantillon d'acheteurs quel est le prix qui leur paraît a _____.

3. Pour réaliser un t _____ de p _____, on propose le produit à la vente pendant une période déterminée.

4. La grande distribution utilise la technique bien connue des p _____ d'a _____ en attirant les acheteurs par des premiers prix particulièrement i _____.

5. En général, les prix sont fixés librement par le m _____, mais les prix de certains produits (timbres-poste, billets de train, etc.) sont a _____.

4 **Commentez le graphique ci-contre.**

1. _____

_____

2. _____

_____

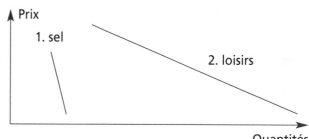

COMMUNICATION COMMERCIALE 1

A. PUBLICITÉ PAR LES MÉDIAS

L'entreprise peut **faire de la publicité** (dans un langage familier : **la pub**) en utilisant **les médias de masse.**

La presse	Par exemple, l'entreprise fait **paraître** (publier) une **annonce publicitaire** dans le journal *Le Monde*.
L'affichage	Dans le métro parisien, on voit des **affiches publicitaires** à chaque station.
La radio La télévision	De nombreux **spots publicitaires** passent à la radio et à la télévision.
Le cinéma	Le **film publicitaire** est présenté au début de la séance.
Internet	La publicité **en ligne** (on line) touche des millions de personne.

Un annonceur est une entreprise qui veut **faire la publicité d'**un produit.
Une agence de publicité crée des **messages publicitaires** et conçoit **des campagnes publicitaires** (= des **campagnes de publicité**).
Attention ! **La publicité mensongère,** qui donne des informations fausses, est interdite.

B. PUBLICITÉ DIRECTE

La publicité directe (= **le marketing direct**) atteint chaque personne individuellement.
Ex. : **le démarchage téléphonique** = **le phoning** (l'entreprise téléphone directement au consommateur).

L'entreprise peut aussi envoyer **des imprimés** présentant le produit et ses avantages.
Il y a différentes sortes d'imprimés :
– **la lettre de vente** : c'est une simple **lettre publicitaire** ;
– **le dépliant** : c'est une feuille qu'on déplie ;
– **le catalogue** ou **la brochure** : c'est un livret – un petit livre - présentant les produits en détail. Vous pouvez consulter le catalogue de certaines entreprises sur Internet.

L'entreprise peut :
– faire **distribuer** ces imprimés dans les boîtes aux lettres par des **porteurs à domicile**,
– envoyer les imprimés par la poste, en utilisant son **fichier d'adresses** : c'est **le mailing** = **le publipostage** (publicité par la poste).
– envoyer des messages publicitaires par **courrier électronique** (e-mail).

C. PLV

La PLV est **la Publicité sur le Lieu de Vente** (= sur **le point de vente** = dans le magasin).
Le commerçant peut utiliser **une enseigne** (un logo, une inscription sur un panneau), **des affichettes** (petites affiches), **du matériel lumineux et sonore,** etc.

1 *Affichage, cinéma, presse, radio, télévision ?*
Complétez les mentions manquantes avec le nom du média qui convient.

1. En ce qui concerne l'investissement publicitaire, la _____ occupe le premier rang, devant les moyens de communication audiovisuels.

2. La _____ s'écoute partout, dans les foyers, dans les voitures, dans la campagne, sur les plages.

3. Une salle de _____ est fréquentée par un public actif et plutôt jeune.

4. La _____ est le média d'un public passif.

5. Une campagne d(e) _____ dans les transports publics peut être un bon moyen de lancer un nouveau produit.

2 **Entourez la bonne réponse.**

1. Le plus souvent, les │ agences de publicité │ annonceurs │ confient à des │ agences de publicité │ annonceurs │ la réalisation des campagnes publicitaires.

2. Les clients des │ agences de publicité │ annonceurs │ sont les │ agences de publicité │ annonceurs │.

3. Les pharmacies et les parfumeries utilisent beaucoup │ la PLV │ le marketing direct │.

4. De grands artistes peintres ont réalisé de belles │ affiches │ brochures │ publicitaires.

5. Certaines entreprises envoient chaque jour des milliers de │ courriers │ messages │ publicitaires par │ courrier │ message │ électronique.

3 **Complétez les mentions manquantes.**

1. Pour un vendeur, le d _____ t _____ est un bon moyen d'obtenir un rendez-vous avec un client.

2. Le f _____ d'a _____ doit être régulièrement mis à jour, car il faut intégrer les nouveaux noms et éliminer les adresses périmées.

3. Des p _____ à domicile distribuent des d _____ publicitaires dans les boîtes aux lettres.

4. Une entreprise peut être poursuivie en justice pour p _____ m _____.

5. Un s _____ publicitaire à la radio ne dure généralement pas plus de 30 secondes.

6. La p _____ sur le l _____ de v _____ est un bon moyen de communiquer avec le consommateur sur le point de v _____.

7. De nombreuses entreprises présentent leurs produits dans un c _____ en l _____.

47

COMMUNICATION COMMERCIALE 2

A. PROMOTION DES VENTES

Pour **faire la promotion d**'un produit (= **promouvoir** un produit), c'est-à-dire pour attirer l'attention des consommateurs sur le produit, les entreprises **mettent au point** (organisent) des **campagnes de promotion** (ou **promotionnelles**).

Voici trois exemples d'**opérations promotionnelles** :

Un bon de réduction

Une offre spéciale

Une démonstration sur le lieu de vente

Il y a d'autres moyens de faire la promotion d'un produit. Par exemple, le commerçant peut :
– offrir à ses clients **un essai gratuit** du produit, **sans obligation d'achat** ;
– leur proposer **une carte de fidélité** ;
– leur remettre **un échantillon** (spécimen) du produit pour qu'ils le testent ;
– organiser **un jeu** ou **un concours** avec **un prix** à gagner.

En tout cas, pour être efficace, **la promotion des ventes** pour un produit doit avoir un caractère exceptionnel : elle doit être relativement rare et de durée limitée.

B. PARRAINAGE

Le parrainage (= **le sponsoring**) consiste à financer une publication, **une émission** (de radio, de télévision) ou une activité sportive (ex. : les jeux olympiques). L'entreprise – **le sponsor** – peut aussi **parrainer** (= **sponsoriser**) un événement culturel (ex. : un concert). En échange, la marque est citée.

C. RELATIONS PUBLIQUES

L'objectif est d'établir et de maintenir de bonnes relations :
– à l'intérieur de l'entreprise (**communication interne**) ;
– avec l'opinion publique (**communication externe**).

Dans cet objectif, l'entreprise peut diffuser des informations sur ses activités sous différentes formes : l'édition d'**un journal d'entreprise** destiné au personnel ou d'**une brochure de prestige, le communiqué de presse, la conférence de presse, la visite d'entreprise, les réceptions**, etc.

1 Voici différents moyens de promotion :
Offre spéciale - Essai gratuit - Carte de fidélité - Échantillon - Jeu

À quel moyen de promotion se réfère chacune des déclarations suivantes ?

La vendeuse m'a offert une petit flacon de parfum.

1. *Échantillon*

Je peux tester ce matelas pendant 15 jours et le retourner au magasin, si je ne suis pas satisfait.

4. _____

Je connais quelqu'un qui a gagné un voyage de dix jours en Turquie.

2. _____

Toute la famille peut l'utiliser pour régler ses achats avec des réductions allant jusqu'à 15 %.

5. _____

Pendant les soldes, on peut acheter des vêtements à moitié prix.

3. _____

2 Vrai ou faux ?

	VRAI	FAUX
1. Les visites d'entreprise sont un moyen de développer les relations publiques.	☐	☐
2. Le journal d'entreprise est un outil de communication interne.	☐	☐
3. Pour réussir, les opérations promotionnelles concernant un produit doivent être fréquentes et durer longtemps.	☐	☐
4. Comme la publicité, les relations publiques peuvent utiliser les mass média.	☐	☐
5. Le parrainage est le meilleur moyen de faire connaître une nouvelle marque.	☐	☐

3 La société Yves Viton vend des articles de maroquinerie. Ces articles sont des produits de luxe connus dans le monde entier. Le directeur du marketing souhaite organiser une action de parrainage.

■ Parmi les événements suivants, lequel lui conseillez-vous de parrainer ?

La coupe du monde de football - Un jeu télévisé - Le championnat du monde de golf

■ Pourquoi ?

_____
_____

48 MANIFESTATIONS COMMERCIALES

A. FOIRES, SALONS, EXPOSITIONS

Les entreprises **participent à** une foire ou à un salon dans le but de faire connaître leurs produits.

Une foire est **une manifestation commerciale** où les entreprises **présentent** leurs produits à des **acheteurs professionnels** ou au public.

Un salon est une foire limitée à un type de produit ou d'activité. Ex. : le Salon du livre, le Salon de l'automobile, le Salon de l'informatique, etc.

Une exposition universelle est une grande manifestation destinée à présenter le degré d'évolution industrielle et scientifique d'un ou de plusieurs pays.

Salon de l'automobile

B. COMMENT PARTICIPER

Françoise Le Guellec a créé Micado, une entreprise qui fabrique des jeux de société. Elle parle du Salon du jouet de Paris :

« Le Salon du jouet de Paris est le grand rendez-vous annuel des professionnels du jouet. Nous y participons tous les ans. La première année, **les organisateurs** proposaient pour la première fois **un concours** réservé aux jeunes **créateurs d'entreprise**. Nous avons concouru et avons gagné **un stand** de 6 m² (**mètres carrés**) pour le salon de l'année suivante.

Aujourd'hui, nous **louons** un stand de 9 m². C'est **une surface** suffisante pour nous. **La location** du stand coûte 4 000 euros. Il faut ajouter 5 000 euros pour **l'installation** et **l'aménagement** du stand, le transport des produits que **nous exposons**, etc.

Pendant le salon, nous rencontrons des clients prestigieux venus du monde entier. À chaque salon, nous **plaçons des commandes** (nous vendons). »

C. TROUVER SON CHEMIN

Au Salon du jouet, **une hôtesse** accueille **un visiteur** :

HÔTESSE D'ACCUEIL : Dans cette **pochette**, vous avez **un plan du salon** et la liste **des exposants** (les entreprises qui exposent).
VISITEUR : Ah très bien ! Savez-vous où se trouvent les jeux de société ?
HÔTESSE D'ACCUEIL : Dans **le hall** 2. Vous **prenez l'allée** C, vous continuez jusqu'**au bout** (= jusqu'à la fin) et vous tournez à gauche. Vous verrez, les jeux de société se trouvent un peu plus loin, sur votre droite.

1 Un organisateur du Salon du jouet répond aux questions d'un chef d'entreprise. Complétez les mentions manquantes du dialogue.

– Qu'est-ce que je dois faire pour p _____ au salon ?

– Vous devez l _____ un stand.

– Combien coûte la l _____ ?

– Ça dépend de la s _____. Un stand de 9 mètres c _____, par exemple, coûtent 4 000 euros. De plus, vous devez vous occuper de l'i _____ et de l'a _____ de votre stand.

– Tout cela coûte cher. Est-ce que ça vaut la peine de dépenser autant d'argent ?

– Oui, parce que notre salon est un bon moyen de p _____ vos produits au public ainsi qu'à des a _____ professionnels. Chaque année, nous réunissons près d'un millier d'e _____ et nous accueillons environ 50 000 v _____.

2 Vrai ou faux ?

	VRAI	FAUX
1. Les foires et les salons sont tous deux des manifestations commerciales.	☐	☐
2. Dans un salon professionnel, les visiteurs ont souvent la possibilité de placer des commandes.	☐	☐
3. Un pays participe à une exposition universelle dans l'objectif de vendre ses produits à des commerçants venus du monde entier.	☐	☐
4. Les exposants remettent généralement aux visiteurs une pochette contenant un plan du salon et divers autres documents.	☐	☐
5. Dans un salon professionnel, les jeunes créateurs d'entreprise ont toujours la possibilité de participer à un concours.	☐	☐

3 Vous travaillez à l'accueil d'un salon. Un visiteur veut se rendre sur le stand Ixtel. Renseignez-le à l'aide du plan ci-contre.

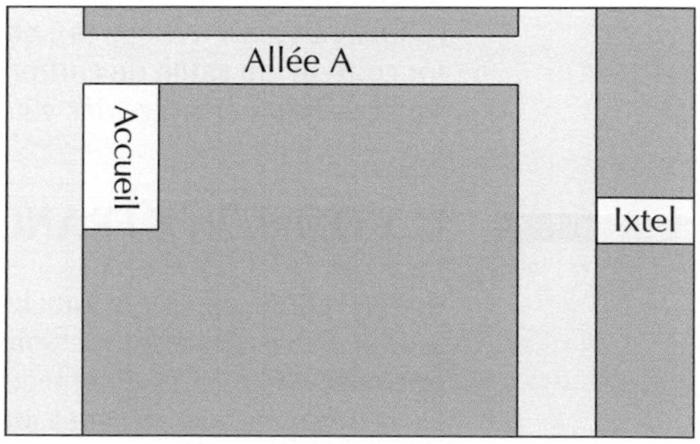

VISITEUR : Pouvez-vous me dire où se trouve le stand Ixtel ?

VOUS : C'est très simple. _____

_____

_____

_____

Allée A

Accueil

Ixtel

49

COMMERCES

A. GRANDES SURFACES ET CENTRES COMMERCIAUX

Une grande surface dispose d'**une surface de vente** d'au moins 400 m^2.
Voici trois types de grandes surfaces :

Le grand magasin	Les produits sont regroupés par **rayons** (rayon vêtements, parfumerie, ameublement, bricolage, etc.), sous la responsabilité d'**un chef de rayon**. Ex. : Les Galeries Lafayette, à Paris.
Le supermarché	Il vend principalement des **produits alimentaires** et des **produits d'entretien** (pour la maison) sur une surface de 400 m^2 à 2 500 m^2.
L'hypermarché	Il vend des produits divers sur une surface supérieure à 2 500 m^2.

Un centre commercial regroupe, généralement autour d'une grande surface, de petites **boutiques** indépendantes vendant des produits divers.

B. PETITS COMMERCES ET PETITS COMMERÇANTS

En France, vous pouvez **faire vos courses** (= vos achats) chez **les petits commerçants**. *Chez* **un épicier** ou *dans* **une épicerie**, vous pouvez acheter toutes sortes de produits d'alimentation générale. Chez **un boulanger** ou dans **une boulangerie**, vous pouvez acheter du pain, etc.

Il est impossible de citer ici tous les petits commerçants. Voici les principaux :

■ LE PETIT COMMERCE ALIMENTAIRE : **un poissonnier/une poissonnerie** (poisson), **un boucher/une boucherie** (viande), **un marchand de fruits et légumes**, **un pâtissier/une pâtisserie** (gâteaux), **un fromager/une fromagerie** (fromage), **un charcutier/une charcuterie** (viande de porc).

■ LE PETIT COMMERCE NON ALIMENTAIRE : **un bijoutier/une bijouterie** (bijoux), **un marchand de journaux**, **un libraire/une librairie** (livres), **une boutique de vêtements**, **un fleuriste** (fleurs), **un pharmacien/une pharmacie** (médicaments), **une papeterie** (papier, stylos, enveloppes), **une parfumerie** (parfums), **un marchand de chaussures**, **un coiffeur/un salon de coiffure** (coupe de cheveux), **un teinturier/une teinturerie/ un pressing** (nettoyage des vêtements).

C. COMMERCE FRANCHISÉ

Une entreprise, appelée **le franchiseur**, vend à un commerçant indépendant, appelé le **franchisé**, le droit d'utiliser sa marque et **son savoir-faire** (= **know-how**). Le franchisé paye périodiquement **une redevance** (un pourcentage de son chiffre d'affaires) au franchiseur. Par exemple, les restaurants appartenant à **une chaîne**, comme Mac Donald, sont souvent **franchisés**.

Le contrat de franchisage entre le franchisé et le franchiseur peut aussi s'appeler **contrat de franchise** ou **contrat de franchising**. Généralement, il prévoit **une assistance** (aide) administrative, commerciale, ou technique du franchiseur au franchisé.

1 Complétez les phrases avec le nom d'un petit commerce ou d'un petit commerçant.

1. On achète des livres dans _____ .

2. Je dois récupérer ma veste chez le _____ .

3. En bas de la rue, il y a une _____ qui fait des super gâteaux.

4. J'ai acheté ces chaussures chez _____ qui se trouve à côté de la pharmacie.

5. Il se coupe les cheveux lui-même. Il refuse d'aller _____ .

6. J'ai acheté des enveloppes _____ .

2 Vrai ou faux ?

	VRAI	FAUX
1. Les grands magasins vendent surtout des produits alimentaires.	☐	☐
2. Dans un grand magasin, en principe, il y a un rayon parfumerie.	☐	☐
3. Un centre commercial est une grande surface.	☐	☐
4. On peut acheter des produits d'entretien dans un grand magasin.	☐	☐
5. Les deux parties au contrat de franchise sont le franchisé et le franchiseur.	☐	☐
6. Le franchiseur doit payer une redevance au franchisé.	☐	☐

3 Mots croisés.

Horizontalement

1. Elle est apportée par le franchiseur et elle peut être administrative, commerciale ou technique.

2. On peut les faire dans une grande surface aussi bien que chez un petit commerçant.

Verticalement

a. Elle se mesure en mètres carrés.

b. Il vend toutes sortes de produits d'alimentation.

c. Dans un centre commercial, elles se regroupent souvent autour d'une grande surface.

d. Elle rassemble sous un même nom des hôtels, des restaurants, des entreprises commerciales, etc.

e. Il est responsable d'un rayon dans un grand magasin.

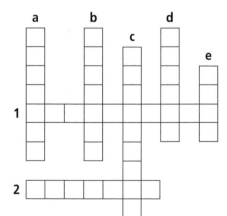

50 ENTRETIEN DE VENTE 1

A. ACCUEILLIR

Rémi Soulier, 52 ans, est un **vendeur expérimenté**. Durant sa longue carrière, il a tout vendu : des vêtements, des machines à laver, des séjours touristiques, des bicyclettes, etc. Il connaît bien **les techniques de vente**.

« **J'accueille** toujours le client avec le sourire, je le regarde **dans les yeux**, je suis ouvert, **détendu** (relax), **disponible** (pas occupé) pour écouter. », explique-t-il, pour parler du premier **contact** avec le client. »

B. QUESTIONNER

Rémi Soulier : « Pour découvrir les **besoins** des clients, je commence par **poser des questions**. Par exemple, voyez dans les deux extraits d'entretiens suivants le type de questions que je pose au client. »

Entretien 1	Entretien 2
– R. SOULIER : **Qu'attendez-vous de** vos vacances ? – CLIENT : Je veux rester au soleil et ne rien faire. – R. SOULIER : **Vous avez certainement un budget ?** – CLIENT : Je ne voudrais pas dépenser plus de 400 euros.	– CLIENT : Je n'aime pas beaucoup cette couleur. – R. SOULIER : **Ah bon, mais pourquoi ?** – CLIENT : Eh bien, je trouve ça un peu triste. – R. SOULIER : **C'est-à-dire ?** – CLIENT : J'aimerais une couleur plus vive.

C. ARGUMENTER

Rémi Soulier : « Une fois que j'ai compris les besoins du client, je présente les **caractéristiques techniques** et les **avantages du produit**. »

Cette machine à laver est très économique.

Les phrases suivantes ont été prononcées par Rémi Soulier à certains moments de sa carrière.

■ **Je peux vous proposer** ce modèle.
■ Ce vêtement est **unique**.
■ C'est un tout **nouveau** modèle.
■ Regardez, la forme est tout à fait **originale**.
■ Prenez celui-là, il est **parfait**.
■ Cette machine à laver est très **économique**.
■ C'est un appareil extrêmement **fiable** (= il fonctionne très bien).
■ Le prix est très **intéressant**.
■ Vous avez là un outil **simple** et **pratique**.
■ Avec l'assurance voyage, **vous êtes tranquille**.
■ Cette robe vous **va à merveille** (très bien).

1 Qu'est-ce qu'un bon vendeur ? Complétez les mentions manquantes avec les mots suivants :
communicatif - curieux - attentif - débrouillard - discret - disponible - optimiste - organisé - patient - ponctuel

1. Il sait écouter les autres : il est *attentif*.

2. Il ne parle pas de ses problèmes personnels à n'importe qui : il est _____.

3. Il s'intéresse à tout : il est _____.

4. Quand il se trouve dans une queue, il attend calmement, sans s'énerver : il est _____.

5. Il sait où trouver les meilleurs produits au meilleur prix : il est _____.

6. Il voit la vie du bon côté : il est _____.

7. Il ne fait pas les choses à la dernière minute : il est _____.

8. Il arrive à l'heure à ses rendez-vous : il est _____.

9. Il a du temps à vous consacrer : il est _____.

10. Il aime discuter, il a le contact facile : il est _____.

2 Mettez-vous à la place du vendeur et trouvez la bonne réponse.

■ *Le client dit :*

1. Est-il possible de recevoir ce meuble rapidement ?
   ⇒ *b*

2. Je voyage beaucoup, il faut que ce soit facile à porter, et surtout pas trop lourd.
   ⇒ …

3. Je cherche quelque chose de résistant, vous voyez, quelque chose qui dure.
   ⇒ …

4. J'ai un budget limité, je ne veux pas dépenser une fortune là-dedans.
   ⇒ …

5. Je ne suis pas très doué, je ne comprends rien à la technique.
   ⇒ …

6. Il ne faudrait pas que ce soit trop banal, est-ce que vous avez un modèle qui sort de l'ordinaire ?
   ⇒ …

7. Je voudrais changer d'appareil, celui que j'ai est un peu démodé.
   ⇒ …

■ *Le vendeur répond :*

a. Ce robot est très simple à utiliser. Je vous explique.

b. C'est très simple, il est à vous à partir de maintenant.

c. Tenez, essayez celui-là, il est très léger.

d. Le prix de cet article est particulièrement intéressant.

e. Nous venons de recevoir un tout nouveau modèle.

f. Avec ce produit, vous êtes tranquille pendant dix ans.

g. Je peux vous proposer quelque chose de très original.

51 ENTRETIEN DE VENTE 2

A. TRAITER LES OBJECTIONS

Rémi Soulier, vendeur d'élite, explique comment il répond aux **objections** (contestations) des clients :

« Après une objection, je continue l'entretien sur un ton positif. Les objections sont normales et même utiles. Elles montrent que le client est intéressé et elles apportent des indications sur ses besoins. Il y a plusieurs manières de **traiter les objections**. »

D'après Rémi Soulier, le vendeur doit toujours accepter l'objection du client.
Par exemple :
– CLIENT : Mais, dites-moi, est-ce qu'il y a des possibilités de crédit ?
– R. SOULIER : **Vous avez raison de poser cette question.**

Le vendeur doit savoir aussi **reformuler** les objections. Par exemple :
– CLIENT *(inquiet)* : Ça a l'air compliqué.
– R. SOULIER : **Si je comprends bien,** vous avez peur que ce soit difficile à utiliser.

Le vendeur est souvent amené à demander des précisions au client. Comme dans ces quatre extraits d'entretiens :

■ *Extrait 1* – CLIENT : Votre offre n'est pas très intéressante. – VENDEUR : **Qu'entendez-vous par là ?**	■ *Extrait 3* – CLIENT : C'est trop cher. – VENDEUR : Cela vous paraît cher **par rapport à quoi ?**
■ *Extrait 2* – CLIENT : Écoutez, je crois que je vais réfléchir. – VENDEUR : Bien sûr, **à quoi voulez-vous réfléchir ?**	■ *Extrait 4* – CLIENT : Je ne comprends pas pourquoi c'est si cher ? – VENDEUR : **D'après vous ?**

B. CONCLURE

Rémi Soulier emploie fréquemment les phrases suivantes pour passer à la dernière étape de l'entretien : **la conclusion de la vente**.

■ **À part ce point, tout est clair ?**
■ Vous préférez **donc** ce modèle, **c'est bien ça ?**
■ Alors, je crois que le modèle vous plaît… **On y va ?**
■ **Comment voulez-vous payer ?**
■ **C'est madame ou monsieur qui signe en premier ?**

Si le client refuse obstinément d'acheter, Rémi Soulier essaye parfois une ultime **tactique**.

Rémi Soulier : « Écoutez, madame, je ne comprends pas : le produit vous **convient**, **nous sommes d'accord sur** le prix, voilà deux heures que nous discutons… Alors, dites-moi, franchement, est-ce que j'ai été maladroit, expliquez-moi ce que j'ai fait de mal, **rendez-moi ce service**, s'il vous plaît, quel est le problème… »

1   **Qui prononce les phrases suivantes ? Le client ou le vendeur ?**

	CLIENT	VENDEUR
1. Vous allez me dire que ce modèle n'est pas très grand, mais je vous rassure tout de suite…	☐	☐
2. Votre concurrent est moins cher.	☐	☐
3. C'est très simple, je peux vous renseigner.	☐	☐
4. Laissez-moi votre documentation, je l'étudierai plus tard.	☐	☐
5. Les affaires sont dures en ce moment, je n'ai pas d'argent.	☐	☐
6. Si je comprends bien, c'est le prix qui vous préoccupe.	☐	☐
7. Pour quelles raisons n'êtes-vous pas intéressé ?	☐	☐
8. Vos produits n'ont pas très bonne réputation.	☐	☐

2   **Voici des extraits de quatre entretiens de vente. Les répliques sont dans le désordre. Mettez-les dans l'ordre.**

■ *Entretien 1*

☐ Une amie l'a acheté et c'est ce qu'elle m'a dit.

[1] C'est très fragile, ça casse facilement.

☐ Qu'est-ce qui vous fait dire cela ?

☐ Euh… Il n'y a pas mal de temps qu'elle l'a.

☐ Elle a acheté ce tout nouveau modèle ou un modèle plus ancien ?

■ *Entretien 2*

☐ Cette voiture n'est pas très pratique.

☐ Rassurez-vous, elle existe en quatre portes.

☐ Oui, elle n'a que deux portes.

☐ Pas pratique ?

> *Rassurez-vous, elle existe en quatre portes.*

■ *Entretien 3*

☐ Ah bon, mais pourquoi ?

☐ À part le prix, elle vous plaît ?

☐ Elle est trop chère.

☐ Cette moto ne m'intéresse pas.

■ *Entretien 4*

☐ Ce qui vous fait hésiter, c'est le rouge, n'est-ce pas ?

☐ Je n'aime pas beaucoup la couleur.

☐ Oui.

☐ Eh bien, je peux vous proposer sept couleurs différentes.

52

COMMERCE ÉLECTRONIQUE

A. INTERNET

Un internaute	C'est un utilisateur du **réseau** Internet. Certains internautes passent des heures chaque jour à **naviguer** (= **surfer**) sur Internet. Le mot « internaute » vient d'Internet et du mot grec « nautês », qui signifie navigateur.
Un fournisseur d'accès	Le fournisseur d'accès (= **le provider**) vous permet d'**accéder** (= de **vous connecter**) **au** réseau. Chaque mois vous pouvez payer **un forfait** (un prix fixe) pour une durée de **connexion** illimitée.
Un navigateur	C'est **le logiciel** (= **le software**) qui vous permet d'**explorer** le Web. Le navigateur le plus répandu est *Internet Explorer*, de Microsoft.
Un moteur de recherche	Il recherche des **sites** correspondant au **mot-clé** que vous avez **tapé**.

B. INTRANET

Intranet est un réseau fermé, interne à une organisation (une entreprise, une administration, etc.). Il possède toutes les caractéristiques de l'Internet :
– **un serveur** pour **stocker** les **données** (informations) ;
– **une messagerie** pour envoyer et recevoir le courrier électronique (e-mail) ;
– des forums, etc.
Mais, à la différence d'Internet, **son accès** est protégé.

Un fournisseur d'accès

C. B2B ET B2C

Le **commerce électronique** concerne l'achat et la vente de produits ou de services sur Internet. Les transactions peuvent s'effectuer :
– entre deux entreprises : c'est **le B2B** (*business to business*) ;
– ou entre une entreprise et un consommateur : c'est **le B2C** (*business to consumer*).

L'achat en ligne est très simple : vous allez sur **le site** qui vous intéresse. Vous consultez **le catalogue électronique**, vous choisissez les **articles**, vous les mettez dans votre **chariot**, vous payez. Quelques jours plus tard, vous recevez vos articles**.** Pratique, n'est-ce pas ?

E X E R C I C E S

1 Vous pouvez voir les inscriptions suivantes sur l'écran d'un ordinateur. Dites si elles concernent *un fournisseur d'accès, un navigateur, un moteur de recherche, une messagerie, un site de commerce électronique.*

1. _____

Chercher

4. _____

JUSQU'À 40 % DE RÉDUCTION
SUR VOTRE LOCATION DE VOITURE.
NOUS VOUS REMBOURSONS
LA DIFFÉRENCE + 10 EUROS
SI VOUS TROUVEZ MOINS CHER.

2. _____

Retirer msg Nouveau msg Répondre Transférer Classer Suivant Imprimer Sécurité Supprimer Arrêter

• Lire les messages   • Écrire un message
• Messages envoyés   • Brouillons

3. _____

Pour optimiser votre forfait ou pour surfer
en toute tranquilité, découvrez nos offres
anti-virus et contrôle parental

5. _____

2 B2B ou B2C ?

	B2B	B2C
1. Une traductrice propose ses services aux entreprises financières.	☐	☐
2. Des grossistes de produits pharmaceutiques sont reliés à leurs fournisseurs sur un marché électronique.	☐	☐
3. Un hypermarché propose sur son site des ordinateurs à des « prix fous ».	☐	☐
4. Une agence de voyage propose aux jeunes mariés des séjours « lune de miel »..............	☐	☐

3 Claire est une passionnée d'Internet. Complétez son témoignage.

Claire, i _____ passionnée : « Tous les jours, je s _____ des heures et des heures sur le web. Dès que je me lève le matin, je me c _____ sur Internet. Ce que je fais ? Des achats. J'adore consulter les c _____ des grands magasins et acheter en l _____ . C'est très pratique : il suffit de placer les a _____ dans le c _____ , clic, clic, et de payer avec sa carte bancaire. Je dépense beaucoup d'argent comme ça, mais heureusement, je paye seulement un f _____ de 10 euros par mois à mon f _____ d'accès pour une durée de c _____ illimitée.

53 COMMANDE ET LIVRAISON

A. BON DE COMMANDE

Pour acheter un livre comme celui que vous êtes en train de lire, vous pouvez vous rendre dans une librairie traditionelle. Vous pouvez aussi **commander** ce livre (= **passer commande de** ce livre) sur Internet, en vous connectant à une librairie **en ligne**. Pour cela, vous devez remplir **un formulaire**, qui s'appelle **un bon de commande**.

Sur ce bon de commande, vous indiquez :
– vos nom et prénom, votre adresse électronique (e-mail),
– les **références** de l'article,
– l'adresse de **livraison** : l'adresse où vous souhaitez qu'on vous **livre** l'article,
– l'adresse de **facturation** : l'adresse où vous souhaitez qu'on vous envoie **la facture**,
– le numéro et **la date d'expiration** (fin) de votre carte bancaire.

Une fois qu'il a reçu votre commande, **le fournisseur** (le vendeur) vous **expédie** (= **envoie**) l'article commandé **dans les meilleurs délais**, c'est-à-dire aussi rapidement que possible.

B. PROBLÈMES DE LIVRAISON

Un client peut **adresser une réclamation** au fournisseur dans les cas suivants :

Retard de livraison	**La marchandise** est livrée avec retard.
Marchandise non conforme	La marchandise n'est pas conforme à la commande.
Marchandise en mauvais état	Les articles sont en mauvais état.
Livraison incomplète	Il manque des articles.

Le client peut **faire une réclamation** par téléphone. Il peut aussi envoyer un e-mail ou **une lettre de réclamation**. Voici, par exemple, un e-mail de réclamation pour retard de livraison :

De :	Sophie Hamelin
A :	Livredor
Objet :	retard de livraison

Bonjour,
Le 3 mars dernier, je vous ai commandé le livre « Le choc des cultures », **référencé** sous le numéro 212980. D'après vos **conditions de vente**, les **délais de livraison** sont de trois jours. **Or**, nous sommes le 15 mars et je n'ai toujours pas **reçu** cet article. **Je vous prie donc de faire le nécessaire** pour me l'envoyer dans les meilleurs délais.
Merci par avance.
Meilleures salutations.
Sophie Hamelin

E X E R C I C E S

1 *Marchandise non conforme, en mauvais état, livraison incomplète, retard de livraison ?*
Lisez les phrases suivantes, extraites de différents courriers de réclamation, et dites quel est le problème.

> *La quantité reçue est insuffisante*

> *En déballant la marchandise, nous avons constaté que 23 assiettes étaient cassées.*

1. _____

4. _____

> Malgré nos appels téléphoniques, les articles ne nous sont toujours pas parvenus.

> *J'ai reçu un aspirateur Tornado 430 alors que j'avais commandé un Tornado 500.*

2. _____

5. _____

> *La qualité du tissu n'est pas de même qualité que celle que nous recevons habituellement.*

> Après vérification, nous avons constaté qu'il manquait deux caisses de petits pois.

3. _____

6. _____

2 Un vendeur demande des renseignements à un client. Complétez les mentions manquantes.

> Pouvez-vous me communiquer la d _____ d'e _____ de votre carte bancaire ?

> À quelle adresse doit-on vous l _____ ?

> Peut-on vous adresser la f _____ à la même adresse ?

3 Complétez les mentions manquantes du courrier de réclamation ci-dessous. Plusieurs solutions sont possibles.

Objet : ma _____ n° 546 du 12 avril

Messieurs,

J'ai bien _____ ce jour le téléphone portable faisant l'objet de ma commande _____ ci-dessus.

_____ , en procédant au déballage, j'ai constaté que cet article n'était pas _____ à celui que j'ai _____ .

En effet, il m'a été _____ un téléphone Sony G67 au lieu d'un Sony V87.

Je vous _____ donc de m' _____ le Sony V87 dans les _____ _____ . Je vous retournerai aussitôt le Sony G67.

Je vous en remercie _____ _____ .

_____ salutations.

54

CONDITIONS DE PAIEMENT

A. MOYENS DE PAIEMENT

Au moment de payer dans un magasin, le vendeur vous demande : « Comment souhaitez-vous payer ? ». Vous pouvez répondre : **en espèces** (ou **en liquide**), **par carte**, **par chèque**. Il existe en effet différents **moyens de paiement** (= façons de payer).

Si vous **réglez** (= payez) par carte, vous pouvez utiliser :
– **une carte bancaire** (= **carte de débit**) : votre **compte bancaire** est immédiatement **débité** de la somme payée (= la somme est portée au débit du compte) ;
– **une carte de crédit** : votre compte est débité plus tard.

B. DÉLAIS DE PAIEMENT

Vous pouvez payer :
– **au comptant** : c'est-à-dire immédiatement ;
– **à terme** : c'est-à-dire après **un** certain **délai**.
Parfois, on paye une partie du prix au comptant, et **le solde** (le reste) à terme.

Dans certains magasins, vous trouvez cette inscription : *La maison ne fait pas crédit*

Cela veut dire que vous devez payer au comptant. Vous ne pouvez pas **acheter à crédit**.

C. TRANSPORT

Souvent, la marchandise commandée doit être **transportée** par **un transporteur** (transporteur routier, compagnie de chemin de fer, la Poste, etc.). **Le transport** est payé soit par **l'expéditeur** (le vendeur) soit par **le destinataire** (l'acheteur).

Pour désigner le prix du transport, on parle des **frais de transport** ou des **frais de port**. On peut aussi dire simplement « **le port** ».

Il arrive que le port soit **compris** (= **inclus**) dans le prix du produit. Dans ce cas, on parle d'une marchandise expédiée (envoyée) **franco de port** = sans frais de transport pour le destinataire. Par exemple, une marchandise expédiée **franco Montréal** signifie que le vendeur **prend en charge** les frais et les risques de **l'expédition** jusqu'à Montréal.

D. RÉDUCTIONS

Lorsque le fournisseur **accorde une réduction de prix** à son client, on dit que le client **obtient** une réduction ou qu'il **bénéficie d'**une réduction. Il y a quatre types de réduction.

Le client peut obtenir :
– **un escompte** :   dans le cas où il paie au comptant ;
– **un rabais** :   en cas de problème dû au fournisseur : par exemple, le produit présente un défaut, ou la livraison a lieu avec retard ;
– **une remise** :   parce que c'est un client particulier - par exemple, il travaille dans l'entreprise, ou parce qu'il passe une commande importante ;
– **une ristourne** :   parce que c'est un client fidèle. Pour le remercier, le fournisseur lui accorde une ristourne, calculée sur le montant des factures de l'année.

EXERCICES

1 *Escompte, rabais, remise* ou *ristourne* ?
Dans chacun des cas suivants, dites de quel type de réduction il s'agit.

1. La marchandise livrée n'est pas conforme à la commande. Toutefois, le client accepte de la conserver
à condition d'obtenir un _____

2. La société Renaudin accorde un _____ de 3 % pour tout règlement au comptant.

3. Pour toute commande supérieure à 2000 euros, vous bénéficiez d'une _____ de 10 %.

4. La société Renaudin accorde une _____ à ses principaux clients sur l'ensemble de leurs achats
de l'année.

2 Vrai ou faux ?

	VRAI	FAUX
1. Payer en espèces = payer en liquide.	☐	☐
2. La carte bancaire est un délai de paiement.	☐	☐
3. Payer au comptant = payer en espèces.	☐	☐
4. Faire crédit = acheter à crédit.	☐	☐
5. La carte de crédit est un moyen de paiement à terme.	☐	☐
6. Les frais de port = les frais de transport = le prix du transport.	☐	☐
7. La marchandise est expédiée franco Amsterdam = l'expéditeur paye le port jusqu'à Amsterdam.	☐	☐
8. Il peut arriver que l'expéditeur soit aussi le transporteur.	☐	☐
9. Il peut arriver que l'expéditeur soit le client.	☐	☐
10. Entre professionnels, le client accorde souvent une réduction au fournisseur.	☐	☐

3 Complétez les mentions manquantes avec les mots suivants :
charge - commande - livraison - règlement - solde - transport.

Conditions de vente (extraits)

_____ : 20 % à la _____

le _____ à la _____

_____ : par route et à notre _____ .

55

SE FAIRE PAYER

A. FACTURATION

Amélie Petit travaille pour un fabricant de meubles, au **service *facturation***. C'est elle qui **établit** (= fait) les factures. Voici l'extrait d'une facture qu'elle s'apprête à envoyer à un client :

FACTURE N° 907

Réf.	Désignation	PU HT	Quantité	Montant
105	Bureau micro-informatique Indy	54	8	432
098	Fauteuil de bureau Scola	66	6	396
206	Étagère d'angle hêtre	37	5	185
		Total HT		1 013
		TVA 19, 6 %		198,54
		Total TTC		1 211,54
		Net à payer		1 211,54

Amélie Petit explique certaines mentions qu'elle vient de porter (inscrire) sur la facture :

« Comme chacun de nos articles est **référencé** sous un numéro, j'inscris dans la première colonne **la référence** (ou **le numéro de référence**) des articles. Dans la deuxième colonne, je fais une brève description des articles que je dois **facturer**. Le PU HT est le **prix unitaire** (à l'unité) **hors taxe**.

Pour obtenir **le prix TTC** (toutes taxes comprises), je dois ajouter **la TVA (taxe à la valeur ajoutée)**. Le taux de TVA est actuellement de 19,6 % (dix-neuf virgule six pour cent). Finalement, le « **net à payer** » est **le montant** que le client doit payer. »

B. RAPPEL DE PAIEMENT

Amélie Petit parle des clients de l'entreprise :
« La plupart des clients paient à 30 ou à 60 jours à compter de **la réception** de la facture. Malheureusement, ils ne respectent pas toujours les délais de paiement. Souvent, je dois envoyer **une lettre de rappel** aux **mauvais payeurs** ».

Voici des phrases extraites de différentes lettres de rappel :

Je me réfère à notre lettre du 3 mars vous demandant de **régler la facture** n° 907 du 8 octobre.

Malgré notre lettre de rappel du 17 avril nous **constatons** que notre facture n° 878 du 2 mars **est restée impayée**.

Nous vous serions reconnaissants de nous **faire parvenir** (envoyer) votre **règlement** (paiement) **sous huitaine** (dans les huit jours).

EXERCICES

1 Un client a commandé 3 chaises en hêtre et 4 tableaux aimantés. À l'aide de l'extrait de la liste de prix ci-dessous, établissez la facture n° 908.

FACTURE N° 908

Réf.	Désignation	PU HT	Quantité	Montant
______	______	______	______	______
______	______	______	______	______
			Total HT	______
			TVA 10 %	______
			Total TTC	______
			Net à payer	______

Liste de prix

Réf.	Désignation	Prix HT
015	Chaise hêtre	20
098	Fauteuil Scola	66
112	Tableau aimanté	10

2 Complétez les mentions manquantes des lettres suivantes.

LETTRE 1

Bruxelles, le 3 mars 2010

Madame, Monsieur,

Nous avons bien reçu votre f ____________ n° 908 du 8 octobre, concernant notre commande du 25 septembre 2010.

Après vérification, nous c ____________ que vous nous avez f ____________ les chaises en hêtre r ____________ sous le numéro 015 au prix u ____________ de 23 euros alors que votre l ____________ de prix indique un prix de 20 euros.

Vous voudrez donc bien nous faire p ____________ une facture rectificative.

Veuillez recevoir, Madame, Monsieur, nos salutations distinguées.

LETTRE 2

Monsieur,

Nous vous adressons ci-joint copie de notre f ____________ n° 907 du 8 octobre, d'un m ____________ de 1 032,85 euros, payable dès r ____________.

Malgré nos deux lettres de r ____________ du 25 octobre et du 8 novembre, cette facture est r ____________ i ____________.

Vous voudrez donc bien nous r ____________ cette somme sous h ____________.

Nous restons dans l'attente de votre r ____________ et vous prions de recevoir, M ____________, nos salutations dévouées.

Mathilde Guillard

Mathilde GUILLARD
Service f ____________

56 EXPORTER

A. SE LANCER DANS L'EXPORTATION

Politex est une entreprise textile française. Michel Jeantin, le P-DG, explique comment Politex est devenue une entreprise **exportatrice** :

« Il y a vingt ans, toute notre production était vendue sur **le marché national**. Nous n'**exportions** rien. Aujourd'hui, 70 % de nos ventes sont réalisées **à l'étranger.**

Exporter ne s'improvise pas. À l'étranger, **les modes de vie** et **les habitudes de consommation** sont différents, et il faut être prudent. Nous avons embauché un **cadre export** qui est très **expérimenté** et qui maîtrise plusieurs langues étrangères.

En ce qui concerne la production, **nous nous sommes internationalisés** aussi. Auparavant, tous nos produits étaient fabriqués dans le nord de la France. Mais **la main-d'œuvre** en France est trop chère et nous avons dû **délocaliser** une partie de notre production. Aujourd'hui, nous produisons en Asie. »

B. BALANCE COMMERCIALE

La balance commerciale récapitule (résume) **les exportations** (ventes) et **les importations** (achats) de marchandises d'un pays avec les autres pays.

Quand les exportations d'un pays sont supérieures aux importations, il y a un **excédent**, on dit que la balance est **excédentaire**. Dans le cas contraire, on parle d'**un déficit** et d'une **balance déficitaire**.

C. PROTECTIONNISME ET LIBRE-ÉCHANGE

La douane est une administration qui contrôle les échanges aux frontières et qui perçoit **les droits de douane**.

Les droits de douane sont des taxes que **l'importateur** (le vendeur) doit payer au moment de l'entrée de la marchandise dans un pays. Quand un pays veut protéger son industrie contre la concurrence étrangère, il **instaure** (crée) des droits de douane élevés.

Un pays dispose d'autres moyens pour se protéger. Par exemple, il peut **mettre en place** :
– des **quotas** (= **contingentements**), c'est-à-dire limiter la quantité de marchandises **importées** ;
– des **procédures** (règles, formalités) **administratives** complexes qui découragent **les exportateurs** étrangers ;
– des **normes techniques** sévères supposées garantir la sécurité des consommateurs, etc.

Un pays qui se protège est un pays **protectionniste**. On parle de **protectionnisme**. Au contraire, **le libre-échange** est un système dans lequel les **échanges commerciaux** sont libres. De nombreux pays passent des **accords de libre-échange** dans le but de favoriser **le commerce international**.

1 Les questions suivantes sont extraites d'une interview avec le dirigeant d'une entreprise exportatrice. Pour chaque question, retrouvez la réponse.

1. Pourquoi avez-vous embauché un cadre export ?
   ⇒ **c**

2. Pourquoi exportez-vous ? ⇒ …

3. Pourquoi vous paraît-il plus difficile de vendre à l'étranger que chez soi ? ⇒ …

4. Pourquoi avez-vous délocalisé votre production ?
   ⇒ …

5. Pourquoi avez-vous réussi à vendre dans des pays si différents ? ⇒ …

a. Parce que nous avons su nous adapter à toutes sortes de marchés.

b. Parce que le marché est différent : autre mode de vie, autres habitudes de consommation, etc.

c. Parce que l'exportation ne s'improvise pas.

d. Parce que le marché national a ses limites.

e. Parce qu'ici le coût de la main-d'œuvre est trop élevé.

2 Complétez les mentions manquantes.

1. Quand dans un pays les exportations sont inférieures aux i _____, on dit que la b _____ c _____ est d _____. Dans le cas contraire, on dit qu'elle est e _____.

2. Pour protéger l'industrie nationale, un pays peut prendre des mesures p _____. Il peut, par exemple, mettre en place des p _____ administratives complexes, de façon à décourager les entreprises e _____ des autres pays d'e _____ sur son territoire.

3. En principe, un pays favorable au libre-é _____ supprime les c _____, baisse les d _____ de d _____, assouplit les n _____ techniques.

3 Lisez la déclaration suivante.

Le protectionnisme protège les entreprises nationales de la concurrence. Le libre-échange, au contraire, stimule la concurrence et favorise la baisse des prix.

■ Est-elle favorable au libre-échange ?
  ☐ Oui   ☐ Non

■ Et vous, qu'en pensez-vous ?

_____
_____
_____
_____
_____
_____

57 ÉTHIQUE DANS LES AFFAIRES

A. L'ÉTHIQUE, QU'EST-CE QUE C'EST ?

Technitec est une entreprise européenne, qui fabrique des composants électroniques. Ses sites de production se trouvent principalement en Asie. Depuis sa création, Technitec a toujours valorisé **l'éthique** (= la morale) dans les affaires.

Audrey Gicquel, P-DG de Technitec, s'en explique : « Une entreprise doit être **socialement responsable**, c'est-à-dire respectueuse de la société et du monde qui l'entourent. Chez Technitec, nous avons des principes, et ces principes tournent autour d'un seul mot : le respect. Respect des personnes, respect de la nature, respect de la vie et de la santé des êtres vivants… C'est cela, l'éthique dans les affaires. ».

B. GUIDE DE CONDUITE

Certaines entreprises, comme Technitec, ont **une charte d'Éthique** (= **un guide de conduite**), qui contient un certain nombre de règles. « Des règles fondamentales », précise Audrey Gicquel.

Voici des extraits de la charte de conduite de Technitec.

> – **Travail des enfants :** il est interdit d'employer des enfants de moins de 16 ans.
> – **Discrimination :** il est interdit de **discriminer** une personne selon le sexe, l'ethnie, la religion.
> – **Conditions de travail :** la santé et la sécurité des travailleurs doivent être préservées.
> – **Corruption :** il est interdit d'offrir ou d'accepter **un pot-de-vin**, que ce soit une somme d'argent ou un cadeau **en nature**.

« Il y a deux ans, *rapporte le P-DG de Technitec*, l'un de nos responsables commerciaux a voulu **corrompre** un fonctionnaire en lui versant un pot-de-vin de 50 000 euros. Quand j'ai appris cette histoire, j'ai licencié cette personne sur-le-champ (= immédiatement). »

C. FONDS ÉTHIQUE

Sandrine Guillemin, qui travaille dans une banque, explique que sa banque est également concernée par l'éthique :

« Nous proposons à certains clients de **placer** (investir) leur argent dans **un fonds éthique** qui exclut les entreprises ayant des activités dans l'alcool, le tabac, la pornographie ou les jeux. Ce fonds exclut également les entreprises qui **polluent** (qui causent des dommages à **l'environnement**).

Par ailleurs, nous finançons plusieurs projets de **développement durable.** Ces projets visent à protéger l'environnement et à garantir un « développement durable » de notre planète pour les générations futures.

Nous **soutenons** (aidons) également les entreprises de **commerce équitable** (= **commerce solidaire**), dont l'objectif est de favoriser des échanges plus justes entre les pays riches et les pays pauvres. »

E X E R C I C E S

1 **Pour sélectionner les entreprises, certains fonds éthiques examinent :**

A. Le management

C. L'environnement

B. Le cadre de travail

D. Les relations avec les partenaires extérieurs

Dites à quel domaine se rattache chacune des phrases suivantes, extraites du rapport d'une banque.

> Cette entreprise respecte scrupuleusement les normes environnementales.

1. C

> Ils ont considérablement réduit leur consommation d'énergie.

4. _____

> Leurs techniques de production ne sont pas polluantes.

2. _____

> Ils entretiennent d'excellents rapports avec leurs fournisseurs.

5. _____

> Les salariés travaillent dans un environnement agréable.

3. _____

> Le pouvoir de décision est partagé entre plusieurs directeurs.

6. _____

2 **Mots croisés**

Horizontalement

1. Juste, conforme à l'équité.

2. Acheter quelqu'un. Par exemple, en lui versant un pot-de-vin.

3. Aider, apporter son soutien.

4. Se dit du commerce équitable.

Verticalement

a. Salit, endommage l'environnement.

b. Sépare, distingue selon certains critères comme l'âge, le sexe.

c. Règles fondamentales d'une organisation.

58 INFRACTION ÉCONOMIQUE 1

A. CONTREFAÇON

Une infraction est **une violation** (un non-respect) de **la loi**. **La contrefaçon** est une imitation **frauduleuse** (illégale) et constitue une infraction.

Contrefaire, c'est imiter **frauduleusement** (illégalement). On peut contrefaire une monnaie, un produit, une marque, une carte de crédit, une signature, etc. Une entreprise peut **poursuivre** quelqu'un **en contrefaçon** (de marque, par exemple) **devant le tribunal (en justice)**. **Le contrefacteur** peut être **condamné** à payer à la victime de la contrefaçon des **dommages-intérêts** (une somme d'argent) en réparation du **préjudice** (= dommage) subi.

Saisie de produits de contrefaçon

Lorenzo Chabert dirige la Police économique, à Montréal. Il parle de son travail :

« Nous luttons contre **les activités criminelles** dans **le milieu des affaires**. Le mois dernier, nous avons arrêté un groupe de **faux-monnayeurs**. Ils fabriquaient de **faux billets** de 100 dollars dans une cave. Le mois dernier toujours, nous avons **saisi** (pris) 800 **fausses** montres Cartier. Elles étaient fabriquées près de Montréal, dans des ateliers **clandestins** (= illégaux). »

B. TRAFIC

Lorenzo Chabert : « Il y a beaucoup de **contrebande** d'alcool et nous devons contrôler les frontières de près. **Les contrebandiers** sont généralement de petits **trafiquants**. Ils achètent de l'alcool aux États-Unis, où les taxes sont moins élevées, et le revendent illégalement au Canada.

Pour **le trafic de drogue,** nous travaillons en collaboration avec la police d'autres pays. La drogue rapporte beaucoup d'argent aux trafiquants. Comme c'est de **l'argent sale** (de l'argent provenant d'un commerce illégal), les trafiquants doivent le **blanchir** (le rendre légal). Pour cela, ils utilisent des salles de jeux, des casinos, etc. Nous luttons de notre mieux contre **le blanchiment** de **l'argent de la drogue**, mais ce n'est pas facile, car nous avons affaire à des bandes (groupes) extrêmement bien organisées. »

C. RACKET

Lorenzo Chabert, de nouveau :
« Certains petits commerçants sont **rackettés** régulièrement. **Les racketteurs** leur disent : « Payez-nous ou nous brûlons votre magasin ». C'est **un chantage** qui fait peur. Les gens préfèrent payer. Ils n'osent pas parler. C'est pour cette raison que nous avons du mal à éliminer **le racket**. »

1 *Contrefaçon, contrebande, racket ou blanchiment d'argent ?*
Dans chacun des cas suivants, dites de quelle infraction il s'agit.

1. Certaines entreprises exploitent des brevets d'invention sans l'autorisation de l'inventeur. _____

2. Une bande de jeunes entre dans un petit restaurant. Ils mangent et s'en vont sans payer. Le patron du restaurant n'ose pas protester. _____

3. On estime que dans le monde, environ un tiers des cigarettes produites disparaissent pour être revendues sur le marché noir. _____

4. Des criminels achètent et paient en espèces des biens de grande valeur tels que des bateaux ou des propriétés immobilières. _____

2 **Qui est l'auteur de chacun des actes suivants ?**

1. Il fabrique de faux billets. C'est un f _____ - m _____.

2. Il fait de la contrebande de cigarettes. C'est un c _____.

3. Il fait du trafic d'alcool. C'est un t _____.

4. Il rackette les petits commerçants. C'est un r _____.

3 **Complétez les mentions manquantes.**

X et Y sont deux entreprises qui fabriquent des vêtements.

1. La police a s _____ dans un entrepôt de X un lot de vêtements portant le nom de Y.

2. Y p _____ X en justice.

3. Y reproche à X d'avoir c _____ sa m _____ de vêtement.

4. Le tribunal donne raison à Y. Il estime que Y a subi un p _____.

5. X est c _____ à payer à Y la somme de 50 000 euros à titre de d _____-i _____.

4 **Répondez aux questions.**

1. Comment peut-on empêcher la contrebande de cigarettes ou d'alcool ? Proposez une solution.

_____

2. Qu'est-ce qu'un chantage ? Donnez un exemple.

_____

59 INFRACTION ÉCONOMIQUE 2

A. FRAUDE FISCALE

La fraude fiscale (= **l'évasion fiscale**) consiste à utiliser des moyens illégaux pour payer moins d'**impôts** (= taxes). Certaines entreprises ont une adresse fictive (fausse) dans **un paradis fiscal**, c'est-à-dire dans un pays où les impôts sont faibles ou nuls.

Les **fraudeurs** sont aussi bien les particuliers que les petites et les grandes entreprises. Le plus souvent, **le fisc** (= **l'administration des impôts** = **l'administration fiscale**) ne peut pas retrouver les fraudeurs.

B. ESCROQUERIE

Un escroc est une personne malhonnête en affaires, qui abuse (profite) de la confiance de quelqu'un pour lui **soutirer** (prendre) de l'argent.

Jean-Luc Georges est propriétaire d'une petite entreprise de travaux publics, à Val d'Or, au Québec. Récemment, il a été victime d'**une escroquerie**. Il raconte comment il s'est fait **escroquer** :

« Nous avions une comptable en qui nous faisions entièrement confiance. Elle s'appelait Clémentine. Un jour, elle a pris un congé maternité et elle a été remplacée par un intérimaire. Après quelques jours, l'intérimaire a découvert que, depuis trois ans, Clémentine établissait des chèques **à son ordre** (à son nom), en imitant ma signature. En trois ans, elle avait réussi à **détourner** près de 100 000 dollars **à son profit**. Aujourd'hui, nous la poursuivons en justice pour **détournement de fonds** (vol d'argent). On ne peut faire confiance à personne ».

C. DÉLIT D'INITIÉ

Un dirigeant d'entreprise n'a pas le droit d'utiliser des informations confidentielles pour gagner de l'argent **à la bourse**. S'il le fait, il **commet** une infraction, qui s'appelle **un délit d'initié.**

Des patrons de grandes entreprises **cotées** (inscrites) **en bourse** sont parfois condamnés à une forte **amende** (somme d'argent) pour délit d'initié.

D. PIRATAGE INFORMATIQUE

Mathieu Rousseau, consultant en **sécurité informatique**, explique ce qu'est le **piratage informatique**. Il sait de quoi il parle. C'est lui-même un ancien **pirate**.

« Le pirate qui entre dans les **systèmes informatiques** d'une entreprise se sent comme chez lui. Il lit le courrier électronique du personnel, il copie des centaines de **fichiers** confidentiels. Avant de partir, il peut **saboter** (détruire) le réseau. Aujourd'hui, dans la guerre de **l'information économique**, le piratage informatique est devenue une arme majeure. Il n'est donc pas étonnant que **la délinquance** (criminalité) **informatique** ait doublé depuis cinq ans. »

E X E R C I C E S

1 **Complétez les phrases avec les mots suivants.**

amende - bourse - délit - évasion - fisc - fonds - fraudeurs - paradis - piratage - profit - sécurité

1. Cette entreprise a pris des mesures de _____ importantes pour lutter contre le _____ informatique.

2. Le patron d'une grande entreprise européenne cotée en _____ a été condamné pour _____ d'initié à une _____ de 250 000 euros.

3. De nombreuses entreprises échappent au _____ en établissant leur siège social dans un _____ fiscal.

4. Pendant qu'il travaillait dans cette entreprise, il a détourné des _____ importants à son _____ .

5. L' _____ fiscale coûte des milliards d'euros à l'État. Les _____ sont si nombreux qu'il est très difficile de les retrouver.

2 **Mots croisés**

Horizontalement

1. L'État prélève des... pour financer les charges publiques.

2. Un... contient un ensemble d'informations numériques et peut être enregistré sur un disque dur.

3. Un... de fonds consiste à utiliser à son profit de l'argent qui ne nous est pas destiné.

4. En principe, on fait un chèque à l'... d'un bénéficiaire désigné.

5. Un... est une personne malhonnête en affaires.

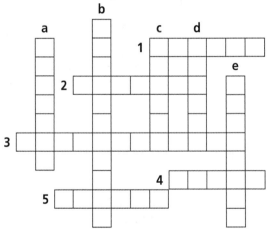

Verticalement

a. ... consiste à détériorer ou à détruire par acte de sabotage.

b. La... est la conduite d'un délinquant, c'est-à-dire d'une personne qui commet des délits.

c. Un... dispose d'informations privilégiées et les utilise pour des opérations de Bourse.

d. Le... copie des logiciels ou s'introduit frauduleusement dans les systèmes informatiques.

e. ... de l'argent de quelqu'un, c'est obtenir de lui de l'argent par des moyens malhonnêtes.

60

PRATIQUES ANTICONCURRENTIELLES

A. ABUS DE POSITION DOMINANTE

Paul Schaeffer travaille à la **Commission de la concurrence**, à Bruxelles. Il parle de son travail :

« Notre rôle consiste à **surveiller** (contrôler) le marché et à faire **respecter la concurrence** sur le marché européen. **Le droit communautaire** (= **droit européen**) **prohibe** (interdit) les situations ou pratiques qui **entravent** (= **faussent,** c'est-à-dire gênent) **la libre concurrence** à l'intérieur de l'**Union européenne**.

C'est le cas, par exemple, des situations de **monopole**. Si une entreprise **exerce** un monopole, cela signifie qu'elle est seule sur son marché. Dans ce cas, la concurrence n'existe même pas.

La concurrence est également **faussée** dans le cas où une entreprise occupant une part de marché importante abuse (profite) de sa **position dominante**. C'est ce que nous appelons **un abus de position dominante**. Par exemple, certaines entreprises, parce qu'elles sont très puissantes, ont les moyens de **pratiquer le dumping** dans le but d'**éliminer** un concurrent. Le dumping, qui consiste à **vendre à perte** (= vendre à des prix inférieurs aux coûts de revient), est interdit.

Pour maintenir une véritable concurrence, nous contrôlons donc **les opérations de concentration** d'entreprises, comme les fusions ou **acquisitions** (= achats), quand ces opérations présentent un risque de monopole ou de position dominante. »

B. ENTENTES

Paul Schaeffer, de nouveau : « La concurrence est comme un jeu. Il y a des règles à respecter. Or, il arrive que des entreprises faussent **le jeu de la concurrence** en passant un accord pour **se partager le marché** ou pour fixer les prix. Cet accord s'appelle **une entente** ou **un cartel**.

Les ententes sont **prohibées** (= interdites) car elles **restreignent** (= limitent) le commerce entre les **États membres** = elles apportent des **restrictions** au **commerce intracommunautaire** (au commerce à l'intérieur de la Communauté).

Récemment, après trois ans d'enquête, nous avons réussi à **apporter la preuve** d'une entente entre plusieurs entreprises pharmaceutiques. Chacune de ces entreprises a été condamnée à payer **une amende** de 17 millions d'euros. »

C. AIDES D'ÉTAT

Dans l'Union européenne, les **aides d'État** (= **aides publiques**) aux entreprises sont interdites si elles faussent la concurrence.

En principe, un État ne peut pas **verser une subvention** (de l'argent) **à** (= **subventionner**) une entreprise ni l'aider avec des **exonérations** (= suppressions) **d'impôt**.

E X E R C I C E S

1 **Complétez les phrases avec les mots suivants :**
Commission - droit - entente - jeu - position - preuve

1. Les pratiques qui faussent le _____ de la concurrence sont prohibées.

2. Il est interdit d'exploiter de façon abusive une _____ dominante.

3. Une _____ est un accord passé entre deux ou plusieurs entreprises.

4. Il est particulièrement difficile d'apporter la _____ d'une entente.

5. La _____ européenne contrôle l'application du _____ communautaire.

2 **Les phrases suivantes sont dans le désordre. Mettez-les dans l'ordre.**

☐ Elles peuvent être le fait des gouvernements lorsque ceux-ci accordent des aides publiques aux entreprises.

☐ Les restrictions de concurrence ne sont pas seulement créées par les entreprises.

☐ Le droit européen interdit donc en principe toutes les aides d'État susceptibles de fausser la concurrence intracommunautaire.

3 **Complétez les mentions manquantes.**

1. Le droit c _____ interdit les a _____ de position dominante.

2. Sont interdites toutes les e _____ qui empêchent ou f _____ le jeu de la concurrence à l'intérieur de l'U _____ européenne.

3. Les s _____ versées par les É _____ m _____ aux entreprises sont p _____ lorsqu'elles favorisent les entreprises nationales.

4. Les c _____ d'entreprises de dimension communautaire, comme l'acquisition d'une entreprise par une autre, sont contrôlées par la Commission.

4 **Lisez l'article suivant. Quel est le mot manquant du titre ?**

Concurrence :
Bruxelles sanctionne Wanadoo pour _____

La Commission européenne a infligé une amende de 10,35 millions d'euros à Wanadoo, filiale Internet de France Télécom, pour des pratiques tarifaires anticoncurrentielles. La Commission estime que, durant les deux dernières années, Wanadoo a vendu à perte ses services ADSL (Internet à haut débit) destinés au grand public. Cette pratique a « *restreint l'entrée sur le marché et le développement des concurrents au détriment des consommateurs* » a déclaré la Commission. ∎

61 SERVICES BANCAIRES

A. COMPTE COURANT

Vous avez probablement **un compte courant** dans une banque. Sur ce compte, vous pouvez **déposer** de **l'argent** (= **faire un dépôt**). Pour régler vos **dépenses courantes**, vous pouvez **retirer** de l'argent **de** ce compte (= **faire un retrait**). Vous pouvez aussi, par **prélèvements automatiques**, régler vos factures de téléphone, d'électricité, etc. Généralement, c'est sur ce compte courant que l'employeur **vire** (envoie) votre salaire.

Quand vous **ouvrez** un compte courant, le banquier vous remet **un carnet de chèques** (= **un chéquier**) et **une carte bancaire**. En cas de perte ou de vol, vous **faites opposition** : vous demandez à votre banque de ne pas payer.

La banque vous envoie régulièrement **un relevé de compte** mentionnant vos dernières **opérations bancaires** et **la position de votre compte**. En principe, vous ne devez pas **être à découvert** : votre compte doit être **approvisionné**, c'est-à-dire qu'il doit y avoir de l'argent dessus. Si vous **faites un chèque** alors que votre compte n'est pas approvisionné, vous faites **un chèque sans provision**.

B. DISTRIBUTEURS AUTOMATIQUES

François Vasseur est directeur d'**une agence bancaire** à Montréal. Il parle des services proposés par sa banque :

« Toutes nos agences sont équipées de **distributeurs automatiques de billets**, qui fonctionnent jour et nuit. Avec nos machines, les clients peuvent retirer de l'argent, mais aussi **encaisser des chèques** (= mettre l'argent du chèque sur leur compte),

faire des virements (transférer de l'argent d'un compte à un autre), etc. »

Pour retirer de l'argent à un distributeur, vous devez **insérer** votre carte et **composez** votre **code confidentiel** (= **code secret**).

La plupart des distributeurs **délivrent un reçu** (un petit papier sur lequel est inscrit le montant de la somme que vous venez de retirer).

C. AUTRES SERVICES

Que pouvez-vous encore faire dans une banque ?
■ Ouvrir **un compte d'épargne** pour y placer vos économies.
■ **Changer de l'argent :** par exemple, changer des dollars en euros.
■ Louer **un coffre-fort**.
■ Consulter **un conseiller financier**.

E X E R C I C E S

1   **Trouvez la réponse à chacune des questions.**

1. Je n'ai pas de travail. Puis-je ouvrir un compte en banque ? ⇒ **b**

2. Dans quels cas puis-je faire opposition à un chèque ? ⇒ …

3. Ma banque peut-elle refuser de me délivrer une carte bancaire ? ⇒ …

4. Que dois-je faire si je perds la clé de mon coffre-fort ? ⇒ …

5. Comment puis-je me connecter à ma banque en ligne ? ⇒ …

6. Le chèque que j'ai voulu encaissé a été rejeté pour absence de provision. Que puis-je faire ?
⇒ …

a. Oui, si elle estime par exemple que vos revenus sont insuffisants.

b. Oui. Pour cela, vous devez simplement présenter une pièce d'identité et un justificatif de domicile.

c. Uniquement s'il y a eu perte ou vol.

d. Il vous suffit de saisir votre numéro de compte et votre code confidentiel.

e. Signalez-le immédiatement à votre banque par téléphone.

f. Présentez-le à nouveau, par exemple au début du mois suivant, en espérant que le compte a été approvisionné entre-temps.

2   **Mettez les opérations ci-dessous dans l'ordre chronologique.**

1. *Histoire de chèque*

☐ J'ouvre un compte courant.

☐ Lucas encaisse mon chèque.

☐ Je fais un chèque à l'ordre de Lucas.

☐ Je reçois un carnet de chèques.

2. *Devant un distributeur*

☐ Tapez le montant que vous désirez.

☐ Composez votre code secret.

☐ Insérez votre carte bancaire.

☐ Retirez vos billets.

3   **Complétez les mentions manquantes.**

1. Quand vous d _____ de l'argent, l'employé de banque vous remet un r _____ .

2. Un c _____ est valable (et peut donc être e _____) pendant un an.

3. Vous pouvez utiliser votre carte b _____ pour effectuer des r _____ d'argent et des achats.

4. Chaque mois, vous pouvez payer votre loyer par p _____ a _____ .

5. Pour connaître la p _____ de votre compte, consultez votre r _____ de compte.

6. Si votre compte courant est à d _____ , vous pouvez faire un v _____ de votre compte d'é _____ sur ce compte c _____ .

62 CRÉDIT BANCAIRE

A. PRÊT ET EMPRUNT

Il ne faut pas confondre **le prêt** (= **le crédit**) et **l'emprunt.**

La banque **prête à** ses clients.
Celui qui prête est **le prêteur.**
C'est **le créancier.**
Il **détient** (= **a**) **une créance.**

Le client **emprunte à** la banque.
Celui qui emprunte est **l'emprunteur.**
C'est **le débiteur.**
Il détient (= a) **une dette.**
L'emprunteur **a recours à** = **contracte** = **fait** un emprunt (bancaire).
On dit aussi qu'il **prend un crédit.**

NOTE : Attention ! **Faire crédit**, c'est accorder un délai pour payer (voir leçon 54).

B. GARANTIES

Avant d'**accorder** (= de **consentir**) **un crédit**, les banques s'assurent de **la solvabilité** de l'emprunteur. Une personne est **solvable** si elle est capable de **rembourser** un emprunt. Quand une personne ne peut plus payer ses dettes, on dit qu'elle est **insolvable.**

Murielle Lemoine travaille dans une banque. Elle parle de son travail : « J'examine **le dossier de crédit** des entreprises. Nous acceptons de consentir un crédit à condition **d'obtenir des garanties**. Si l'entreprise nous **apporte des garanties**, et si elle est peu **endettée** (= si elle a peu de dettes), elle peut **obtenir le crédit.** Dans le cas contraire, nous devons **refuser** le crédit. »

Dans le cas d'**un crédit immobilier**, c'est-à-dire dans le cas où une entreprise ou un particulier emprunte de l'argent pour acheter **un bien immobilier** (une maison, un appartement, un bureau, etc.), la banque **prend une garantie sur** le bien. Cette garantie s'appelle **une hypothèque.** On dit que la banque prend **une hypothèque** sur le bien et que l'emprunteur **hypothèque** (donne en garantie) le bien. Si le débiteur ne peut pas rembourser, **l'immeuble hypothéqué** peut être **saisi** et vendu de façon à payer la banque.

C. TAUX D'INTÉRÊT

À chaque **remboursement**, les clients emprunteurs doivent payer à leur banque une somme supplémentaire : **l'intérêt.**

Murielle Lemoine : « **Le taux d'intérêt** dépend beaucoup de **la durée du prêt**. Les taux sont plus élevés pour les prêts **à moyen terme** et **à long terme** que pour les prêts **à court terme. Le niveau des taux d'intérê**t a beaucoup baissé depuis un an. L'année dernière, les taux étaient très **élevés**. Aujourd'hui, ils sont très **bas**. C'est le moment d'emprunter. »

E X E R C I C E S

1   **Entourez la bonne réponse.**

1. Pour acheter sa maison, Martin a emprunté de l'argent | à | d' | une amie.

2. Il a aussi | fait | pris | un crédit à long | remboursement | terme | à la banque.

3. La banque a exigé qu'il | apporte | obtienne | des garanties.

4. Pour | accorder | obtenir | le crédit, Martin a dû | acheter | hypothéquer | sa maison.

5. Plus tard, il a perdu son emploi et est devenu | insolvable | solvable |.

6. Il ne pouvait plus | contracter | rembourser | l'emprunt, ni payer les | garanties | intérêts |.

7. La maison a été | payée | saisie |, puis vendue et Martin s'est retrouvé à la rue. Pauvre Martin !

2   **Complétez avec les verbes prêter ou emprunter.**

1. Il y a trois ans, elle a ＿＿＿＿＿＿ 3 000 euros à Martin, qui ne lui a toujours pas remboursé.

2. Elle ne veut plus rien lui ＿＿＿＿＿＿ parce qu'elle n'a pas confiance.

3. Il a besoin d'argent. Pouvez-vous lui en ＿＿＿＿＿＿ ?

4. Quand les taux d'intérêt sont bas, Martin n'hésite pas à ＿＿＿＿＿＿.

5. Quand les taux sont élevés, il vaut mieux ＿＿＿＿＿＿.

3   **Est-ce le créancier ou le débiteur ?**

	CRÉANCIER	DÉBITEUR
1. Il détient une créance.	☐	☐
2. Il fait crédit.	☐	☐
3. Il consent un crédit.	☐	☐
4. Il emprunte.	☐	☐
5. Il prend une hypothèque.	☐	☐
6. Il contracte un emprunt.	☐	☐
7. Il est endetté.	☐	☐
8. Il rembourse ses dettes.	☐	☐
9. Il reçoit des intérêts.	☐	☐
10. Il accorde le prêt.	☐	☐

63

APPORT DE CAPITAL

A. CAPITAL SOCIAL

En **constituant** (créant) **une société commerciale**, plusieurs personnes, **les associés**, mettent quelque chose en commun en vue de gagner de l'argent.

Que peuvent-ils **apporter** à la société ?
Ils peuvent **effectuer** (= **faire**) :
– **un apport en numéraire** (= apporter de l'argent),
– **un apport en nature** (= apporter un bien matériel).
Le total de ces apports constitue **le capital social** (= le capital de la société).

Attention ! Il ne faut pas confondre « **prêt** » et « **apport** ». Apporter, c'est donner.
On ne peut pas demander le remboursement d'un apport.

B. SOCIÉTÉS COMMERCIALES

Marie-Claude Dubreuil, **avocate** spécialisée en **droit des sociétés**, distingue deux types de sociétés : les sociétés de personnes et les sociétés de capitaux.

« Dans **une société de personnes**, *explique Maître Dubreuil*, les associés, peu nombreux, se connaissent bien et c'est pour cette raison qu'ils choisissent de s'unir. Une personne ne peut entrer dans la société qu'avec l'accord de tous les associés.

Dans **une société de capitaux**, en revanche, les associés se connaissent peu, voire pas du tout. Ils peuvent être très nombreux. Dans le cas d'une société **cotée en bourse**, ils sont des milliers. Ce qui compte, c'est le capital qu'ils apportent. En droit français, par exemple, **la société anonyme** est une société de capitaux.

Les associés sont les propriétaires de l'entreprise. En contrepartie de leurs apports, ils reçoivent des **titres de propriétés**. On appelle ces titres :
– des **parts sociales** si c'est une société de personnes ;
– des **actions** si c'est une société de capitaux.
On appelle les associés d'une société de capitaux des **actionnaires**. »

C. AUGMENTATION DE CAPITAL

Marie-Claude Dubreuil : « Pendant la vie de la société, les associés (ou actionnaires) peuvent faire de nouveaux apports à la société. On parle alors d'**augmentation de capital**. Cette opération se traduit par (entraîne) **une émission** (création) de nouveaux titres de propriété. La société doit **émettre** de nouvelles actions ou parts sociales.

Mais attention ! Une augmentation de capital peut modifier la répartition de **la propriété du capital**. De plus, l'apport en capital est rarement suffisant pour **financer** le développement d'une entreprise. Mieux vaut **recouri**r également **à** (utiliser) d'autres **moyens** (ou **modes**) de financement, comme **l'autofinancement**, qui consiste pour la société à investir en utilisant ses bénéfices. »

1 Pour se développer, une société peut recourir aux modes de financement suivants :

A. Autofinancement   **B.** Emprunt   **C.** Augmentation de capital

À quel mode de financement correspond chacune des caractéristiques suivantes ?

1. Il oblige la société à rembourser un jour. ⇒ **B**

2. La société doit constituer un dossier de crédit. ⇒ …

3. Il consiste à conserver et à réinvestir les bénéfices. ⇒ …

4. Un actionnaire minoritaire peut devenir majoritaire. ⇒ …

5. Il entraîne le paiement d'intérêts. ⇒ …

6. Il réduit la part des bénéfices distribués aux actionnaires. ⇒ …

7. Il donne lieu à l'émission de nouvelles actions. ⇒ …

8. La société utilise ses propres ressources (revenus). ⇒ …

2 Les caractéristiques suivantes concernent-elles la société de personnes ou la société de capitaux ?

	PERSONNES	CAPITAUX
1. Si l'un des associés souhaite céder (vendre) ses parts, il doit obtenir l'accord de tous les autres.	☐	☐
2. Elle convient bien aux grandes entreprises.	☐	☐
3. Elle peut être cotée en bourse.	☐	☐
4. La mort d'un associé entraîne la dissolution (la fin) de la société.	☐	☐

3 Complétez les mentions manquantes.

1. Le c _____ s _____ est constitué des apports faits par les associés à la société.

2. Ces apports peuvent être effectués en n _____ ou en n _____ (terrains, bâtiments, outillage, etc.).

3. Une société a _____ est une forme de société de c _____.

4. Dans le cas où une société anonyme augmente son capital, elle é_____ de nouvelles a _____.

5. Une action ou une p _____ s _____ est un t _____ de propriété.

6. Pour en savoir davantage à ce sujet, vous devez étudier le d _____ des s _____.

64 DROITS DE L'ACTIONNAIRE

A. L'ACTION, TITRE DE PROPRIÉTÉ

Une action représente une partie du capital d'une société. Acheter une action signifie devenir propriétaire d'une partie de la société. **Le détenteur** de l'action, **l'actionnaire,** bénéficie des droits du propriétaire.

L'actionnaire **a droit aux bénéfices.** Il **perçoit** (reçoit) **des dividendes** = la part des bénéfices distribués. Si la société ne fait pas de bénéfices, il n'y a pas de **distribution** de dividendes : la société ne **distribue** pas de dividendes.

L'actionnaire **a le droit de vote**. Une fois par an, les actionnaires assistent à **l'assemblée générale des actionnaires**, qui est **convoquée** par **le conseil d'administration**. Au cours de cette assemblée, ils **délibèrent** (discutent). Ils **approuvent** (acceptent) les comptes de **l'exercice** (= l'année), ils **statuent** (prennent une décision) **sur** la répartition des bénéfices, ils **élisent** les administrateurs (membres du conseil d'administration). Pour prendre ces décisions, ils **votent**.

L'actionnaire **a le droit d'**être informé sur les événements importants qui surviennent dans la vie de la société : **nomination** d'un nouveau directeur, projet d'achat d'une autre entreprise, etc.

L'actionnaire a le droit de **négocier** (= **céder**, c'est-à-dire vendre) son action et de sortir librement de la société. On dit que les actions sont **librement négociables**.

B. TYPES D'ACTIONS

Les statuts sont rédigés (écrits) au moment de la création de la société. Ils expliquent les règles de fonctionnement de la société.

Les statuts précisent si les actions sont **nominatives** ou au **porteur**.

Action nominative	L'action est inscrite dans **le registre de la société**, avec le nom du propriétaire. La société connaît l'identité de l'actionnaire.
Action au porteur	Le nom de l'actionnaire n'est pas connu de la société.

En principe, les actions donnent à l'actionnaire le droit de vote selon le principe « une action = une voix ». Ce sont des **actions ordinaires**. Il existe d'autres types d'actions : des **actions à vote double**, des **actions sans droit de vote**, etc.

C. TYPES D'ACTIONNAIRES

Le petit actionnaire (ou le petit porteur)	Il ne peut pas influencer la gestion de l'entreprise. Parfois, pour faire valoir (défendre) leurs droits, les petits actionnaires se regroupent (s'unissent) dans une association de défense des **actionnaires minoritaires**.
Le gros actionnaire	**Un actionnaire de référence** détient de 15 % à 20 % au moins du capital. **Un actionnaire majoritaire** détient plus de 50 % du capital.

1 **Complétez les mentions manquantes avec les verbes suivants :**
assister - approuver - convoquer - délibérer - distribuer - élire - voter

1. Le conseil d'administration doit _____ l'assemblée générale des actionnaires une fois par an.

2. Les actionnaires doivent _____ sur toutes les questions figurant à l'ordre du jour.

3. Ils doivent _____ les comptes de l'exercice

4. Ils décident de _____ ou non les bénéfices.

5. Parfois, ils sont invités à _____ de nouveaux administrateurs.

6. Ceux qui ne peuvent pas _____ à l'assemblée peuvent _____ par correspondance.

2 **Les trois phrases suivantes sont dans le désordre. Mettez-les dans l'ordre.**

☐ Pour ces deux raisons, les statuts de certaines sociétés conditionnent l'entrée à l'assemblée à la propriété d'un certain nombre d'actions.

☐ De plus, il ne serait pas souhaitable qu'un associé détenant une ou deux actions puisse prendre longuement la parole pendant une assemblée.

☐ Dans les sociétés qui comptent des milliers d'actionnaires, la réunion de tous les associés serait une chose impossible.

3 **Complétez les phrases suivantes.**

1. Ce n'est pas une action au porteur, c'est une action _____ .

2. Ce n'est ni une action à vote double ni une action sans droit de vote, c'est une action _____ .

3. Ce n'est pas un gros actionnaire, c'est un _____ porteur.

4. Nous ne sommes pas majoritaires, nous sommes _____ .

5. Il détient 16,8 % du capital. C'est un actionnaire de _____ .

4 **Vrai ou faux ?**

	VRAI	FAUX
1. Tous les ans, les actionnaires reçoivent obligatoirement des dividendes.	☐	☐
2. Tous les ans, ils rédigent les nouveaux statuts de la société.	☐	☐
3. Les membres du conseil d'administration sont élus par les actionnaires.	☐	☐
4. Quand les actions sont nominatives, le nom des actionnaires est inscrit dans les statuts.	☐	☐

65

PLACEMENTS FINANCIERS

A. PORTEFEUILLE DE VALEURS MOBILIÈRES

Une valeur mobilière est **un titre** (un certificat) qui peut être négocié (vendu) **en bourse**. Il existe deux catégories principales de valeurs mobilières : **les actions** et **les obligations.**

Un portefeuille de valeurs mobilières est un ensemble de valeurs mobilières détenues (possédées) à un certain moment par une personne. Cette personne a **placé** de l'argent **en** (ou **à la**) **bourse**.

Placer son **épargne** (= ses **économies**) signifie acheter un bien (un appartement, un tableau, des valeurs mobilières, etc.) dans l'espoir que ce bien **prendra de la valeur** (son prix augmentera). Il existe de nombreux types de **placements**.

B. PLACEMENT EN ACTIONS

Sébastien Lejeune a placé toutes ses économies en bourse. « J'ai acheté des actions Bic, *explique-t-il.* Six mois plus tard, je les ai vendues à **un cours** (= prix) supérieur de 20 % au **cours d'achat.** Résultat : j'ai **réalisé une plus-value** de 20 %. Pas mal, n'est-ce pas ? »

Tout le monde n'a pas la chance (ou l'intuition) de Sébastien Lejeune. **Spéculer** (= **jouer**) à la bourse présente certains risques. Parfois, on doit vendre à un cours inférieur au cours d'achat. Dans ce cas, on réalise **une moins-value.**

« Acheter des actions est toujours **un placement à risques**, *explique Clarisse Beck, analyste financière*. Il ne faut pas tout **miser** (parier) sur une seule action. Mieux vaut **diversifier** son portefeuille, c'est-à-dire acheter des actions de **secteurs** différents ainsi que des **obligations**. »

C. PLACEMENT EN OBLIGATIONS

Une société qui a besoin d'argent peut **lancer** (= **émettre**) **un emprunt obligataire**. Si **vous souscrivez à cette émission** d'obligations (= à cet emprunt), cela veut dire que vous prêtez de l'argent à la société. En échange, vous recevez des titres, qui s'appellent des obligations. Vous êtes **le créancier obligatair**e. La société est **l'émetteur**.
NOTE : Les États peuvent également **émettre** des **obligations** : ce sont **les obligations d'État** (ou **emprunts d'État**).

La société **émettrice** vous remboursera à une date déterminée, appelée **l'échéance**. Jusqu'à cette date, elle vous versera des **intérêts** chaque année. Mais à tout moment vous avez la possibilité de vendre vos obligations sur **le marché obligataire** (= **marché des obligations**), qui est une partie du **marché boursier**. Certaines obligations peuvent être **converties** (échangées) en actions : ce sont **les obligations convertibles en actions.**

Clarisse Beck : « Par rapport aux actions, **le placement obligataire** comporte peu de risques. On dit que c'est **un placement de bon père de famille**. »

1 Placement en actions ou en obligations ? Que leur conseillez-vous ?

	ACTIONS	OBLIGATIONS
1. Lucas a peur de prendre des risques.	☐	☐
2. Théo préfère recevoir un revenu fixe chaque année.	☐	☐
3. Léa veut gagner (ou perdre ?) beaucoup d'argent très vite.	☐	☐
4. Maxime n'a pas confiance dans les entreprises.	☐	☐
5. Le portefeuille de Chloé est à 99 % composé d'actions.	☐	☐
6. Valentin est un bon père de famille.	☐	☐
7. Emma pense que les obligations ne sont pas assez rentables.	☐	☐
8. Antoine a un tempérament de spéculateur : c'est un joueur.	☐	☐

2 Complétez les mentions manquantes.

1. Vous avez s _____ à une é _____ d'obligations. Vous êtes le c _____ o _____. Chaque année, la société é _____ (la société qui a é _____ l'e _____ o _____) vous verse des i _____. À l'é _____, elle vous remboursera le montant de l'e _____.

2. Il est risqué de p _____ toutes ses é _____ dans des v _____ appartenant au même s _____ d'activité. Il est préférable de d _____ son p _____

3. Vous souhaitez vendre certaines actions de votre portefeuille. Si le cours auquel vous v _____ est supérieur au c _____ d'a _____, vous réaliserez une _____. Dans le cas contraire, vous réaliserez une _____.

3 Qu'est-ce que c'est ?

1. Jouer à la bourse en espérant réaliser une plus-value, c'est _____
2. Une obligation qui peut être convertie en action, c'est une _____
3. Une obligation d'État peut aussi s'appeler un _____
4. La date à laquelle expire (prend fin) un délai, c'est _____
5. Une valeur mobilière, c'est _____

66 FLUCTUATIONS BOURSIÈRES

A. COURS DE LA BOURSE

Le cours	Le cours d'une action est le prix d'une action. Sur le marché boursier, ce cours **fluctue** (= varie) selon **l'offre** et **la demande**. Entre **l'ouverture** et **la clôture** (= fermeture) de **la séance** (journée) **boursière**, les **fluctuations** (= variations) du marché peuvent être importantes. En principe, la bourse **ouvre** à 9 heures et **clôture** à 18 heures.
La capitalisation boursière	C'est ce que vaut une société **cotée** (inscrite) **en bourse**. Elle s'obtient en multipliant le nombre d'actions **émises** (créées) par son cours (nombre d'actions × cours d'une action).
Un indice	Un indice indique **la hausse** ou **la baisse** d'un échantillon (une fraction représentative) d'actions. Le Dow Jones et le Nasdaq sont les indices les plus connus de la bourse de New-York.

B. KRACHS BOURSIERS

La bulle	On parle de **bulle financière** quand le cours des actions **augmente** de façon exagérée. **La valeur boursière** (= le cours de l'action en bourse) ne correspond plus à la réalité économique.
Le krach	Les prix continuent à **monter**. Une bulle **se forme**. Un jour, la bulle **éclate** et entraîne **l'effondrement** (très forte **chute**) des cours. C'est ce qu'on appelle **un krach boursier.**

Voici deux exemples célèbres de krach boursier.

OCTOBRE 1929 : la bourse de New York **s'effondre** (chute très fortement). La chute dure trois ans, et des millions de personnes se retrouvent ruinées (sans argent). La faillite des banques entraîne la faillite de milliers d'entreprises. En quelques semaines, la production industrielle **recule** (diminue) de 20 %. Le chômage **explose** (= augmente très fortement).

FIN DES ANNÉES 90 : on pense qu'avec Internet, **une nouvelle économie** est née : c'est **la net-économie.** Les cours des actions de la nouvelle économie **s'envolent** (= **flambent** = **montent en flèche** = augmentent fortement). Elles atteignent **un pic** (= **un plus haut**) en mars 2000. Puis soudain, c'est l'effondrement. La bulle éclate. On assiste à **un recul** (= **un repli** = une baisse) **spectaculaire** (important) des cours.

Année 2000 :
le krach de la nouvelle économie

E X E R C I C E S

1 Complétez le tableau.

Verbe	Nom
offrir	une _____
demander	une _____
_____	une baisse
_____	une montée
se replier	un _____
reculer	un _____

Verbe	Nom
s'effondrer	un _____
chuter	une _____
_____	une fluctuation
_____	une explosion
_____	un éclatement
_____	une flambée

2 Éliminez les deux intrus.

le recul – la baisse – la chute – l'effondrement – la montée – la flambée – le repli

3 Placez les commentaires dans le graphique.

1. un léger repli
2. une légère hausse
3. une remontée spectaculaire
4. un effondrement
5. des fluctuations
6. un pic
7. un plus bas

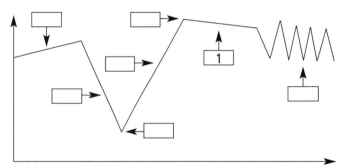

4 Complétez les mentions manquantes.

1. Le plus souvent, le cours à l'o _____ n'est pas le même que le cours de c _____ du jour précédent.

2. La s _____ d'aujourd'hui a été marquée par de fortes fluctuations. La bourse a o _____ en hausse de 1,23 %, mais elle a finalement c _____ en baisse de 1,45 %.

3. Un k _____ b _____ survient au moment où la b _____ éclate.

4. L'Euro Stoxx 50 est un i _____ composé des 50 plus fortes c _____ boursières de la zone euro.

67

ACTEURS DE LA BOURSE

A. INVESTISSEURS

Un investisseur en bourse peut être un particulier ou une entreprise. Il y a différentes sortes d'investisseurs : de **petits** investisseurs (ils investissent peu d'argent) et de **gros** investisseurs, des investisseurs **avertis** (= bien informés), etc.

Les **investisseurs institutionnels** sont de très gros investisseurs. Ils collectent l'épargne pour la placer en valeurs mobilières (actions et obligations). Familièrement, on les appelle **les zinzins.** Un « zinzin » peut être une compagnie d'assurances, **une caisse de retraite** (= **un fonds de pension**), **un OPCVM** (un organisme de placement collectif en valeurs mobilières).

B. COURTIERS EN BOURSE

Clarisse Beck est analyste financière. Elle explique comment investir à la bourse :

« Vous devez **passer un ordre de bourse** à un intermédiaire qui va acheter ou vendre des valeurs mobilières pour votre compte (pour vous). Pour acheter, vous passez **un ordre d'achat**. Pour vendre, vous passez **un ordre de vente**. Vous devez préciser la durée de **validité** de votre ordre. Un « **ordre jour** », par exemple, n'est valable que pendant une seule séance.

Si l'opération se réalise, vous devez payer à l'intermédiaire une commission, qu'on appelle **un courtage** (= **des frais de courtage**). Ces intermédiaires en Bourse sont des **courtiers** (= **maisons de courtage**). En France, on les appelle **sociétés de bourse** ou **entreprises d'investissement**. Chez les Anglo-saxons, on parle de **brokers**. »

C. TENDANCES DU MARCHÉ

Selon les jours, le marché peut être :
– **liquide** : il est facile de trouver un acheteur ou un vendeur. On dit d'une valeur qu'elle a une bonne **liquidité** lorsque **le volume** (le nombre) de **titres échangés** (achetés et vendus) est important ;
– **actif** ou **animé** : le volume des **transactions** (échanges) est important.
– **calme** : le volume des transactions est faible ;
– **haussier, porteur** : le marché est orienté **à la hausse** (les cours augmentent) ;
– **baissier, déprimé** : le marché est orienté **à la baisse** ;
– **stable** : les indices **restent inchangés** (= ils ne changent pas) ;
– **volatile** : c'est-à-dire instable (il y a de fortes fluctuations). On parle de **la volatilité** d'un marché ou d'un titre ;
– **indécis, hésitant** : le marché ne présente pas de **tendance** claire (ni hausse ni baisse).

1 **Complétez avec les mots suivants :**
achat - bourse - offre - société - titre - validité - vente

Si vous passez un ordre de _____, celui-ci doit comporter un certain nombre de précisions :

– le sens de l'opération : achat ou _____ ;

– le nombre et le nom du _____ : nombre d'actions ou d'obligations de telle ou telle _____ ;

– la limite de _____ de l' _____ : jusqu'à quel moment l'ordre est valable ;

– les conditions de prix : prix maximal à l' _____ et prix minimal à la vente.

2 **Faites correspondre.**

1. Investisseur ⇒ ... **a.** d'investissement

2. Caisse ⇒ ... **b.** institutionnel

3. Entreprise ⇒ ... **c.** de retraite

4. Placement ⇒ ... **d.** de courtage

5. Frais ⇒ ... **e.** collectif

3 **Complétez les extraits de presse ci-dessous avec les mots suivants :**
actif - baissier - haussier - inchangé - indécis - volatile

1.

ALTRAN : LE TITRE TOUJOURS AUSSI _____

Malgré une ouverture à 12 euros, le titre Altran recule de 3,3 % à 11,10 euros à la clôture. Hier, il avait perdu plus de 6 % alors que vendredi dernier il avait flambé de 14,8 %.

3.

Le marché est resté stable toute la journée pour clôturer pratiquement _____ (– 0,03 %).

2.

On utilise l'expression « bull market » (marché de taureaux) pour désigner un marché _____, parce que le taureau attaque avec ses cornes, en frappant de bas en haut.

4.

LA BOURSE DE TOKYO A TERMINÉ SUR UNE PETITE HAUSSE DE 0,28 % SUR UN MARCHÉ _____ QUI ATTEND L'OUVERTURE DE WALL STREET POUR AVOIR UNE DIRECTION PLUS CLAIRE.

5.

Dans un marché _____, Renault fait exception avec une hausse de plus de 4 % en une semaine.

6.

La Bourse de Paris a clôturé sur une hausse de 3,20 % dans un marché très _____, avec un record de 2,4 milliards d'euros négociés.

68

ASSURANCES

A. MÉCANISME DE L'ASSURANCE

On peut **contracter une assurance** (= **s'assurer**) **contre** différents types de **risques** : incendie, vol, accident, etc.

Le principe est simple : **l'assuré** verse **une prime** = **une cotisation** (une somme d'argent) à **l'assureur** (**la compagnie d'assurances**). En contrepartie, l'assureur garantit le risque.

Si le risque se réalise - par exemple, si l'usine prend feu -, on parle de **sinistre**. Dans ce cas, l'assureur **indemnise** l'assuré = il lui verse **une indemnité** (une somme d'argent). Cette indemnité permet de **réparer le dommage** = **le préjudice** (par exemple, la destruction de l'usine).

B. TYPES D'ASSURANCES

Il existe trois grands types d'assurances.

L'assurance de biens	Elle **couvre** (= **garantit contre**) la destruction, la détérioration ou la disparition matérielle des **biens assurés**.
L'assurance de personnes	Assurance contre les **accidents corporels**, **assurance maladie**, **assurance vie**.
L'assurance de responsabilité	L'assuré peut être responsable d'un dommage (**matériel** ou **corporel**) causé à **un tiers** (une autre personne). Par exemple, il est responsable d'un accident automobile. Dans ce cas, son assureur **indemnise la victime**, qui est alors **le bénéficiaire**.

C. CONTRAT D'ASSURANCE

Le contrat d'assurances doit être écrit. Le document écrit s'appelle **une police d'assurance**.

Pauline Grimaud travaille dans une compagnie d'assurances. Avant que vous signiez la police, elle vous recommande de prendre les précautions suivantes :

« Lisez la police avec attention. Examinez **les garanties** dont vous bénéficiez, quels sont les risques **couverts** (= assurés). Attention ! Souvent, une partie du coût du sinistre reste **à la charge de** l'assuré. On appelle cette partie **la franchise**.

Pour **résilier** votre contrat (= y **mettre fin**), n'oubliez pas de respecter **le délai de préavis** (d'en informer l'assureur à l'avance). »

D. DÉCLARATION DE SINISTRE

Pauline Grimaud : « En cas de sinistre, envoyez tout de suite **une lettre de déclaration de sinistre** à l'assureur. Indiquez **le type de sinistre** (incendie, vol, accident, etc.), faites une description et une première **évaluation** des dommages. Plus tard, **un expert** évaluera plus précisément le dommage. »

E X E R C I C E S

1 À quel type d'assurance se rapporte chacun de cas suivants ?

	BIENS	PERSONNES	RESPONSABILITÉ
1. Vous vous blessez en faisant du ski.	☐	☐	☐
2. Votre machine à laver est en marche. Il y a une fuite d'eau. Vous n'êtes pas chez vous. L'eau se répand dans votre appartement et détériore votre moquette.	☐	☐	☐
3. Cette même fuite d'eau provoque des dégâts (dommages) importants chez vos voisins du dessous.	☐	☐	☐
4. On vous a volé votre bicyclette.	☐	☐	☐

2 Qu'est-ce que c'est ?

1. Pour l'assureur - et pour l'assuré – c'est une preuve.   P __ __ __ __ __

2. Ne sera pas remboursée   F __ __ __ __ __ __ __

3. Celui qui souhaite moins dépendre du hasard.   A __ __ __ __ __

4. Ce que recevra la victime après un accident.   I __ __ __ __ __ __ __ __

5. Ce contre quoi on s'assure.   R __ __ __ __ __

6. Mettre fin au contrat.   R __ __ __ __ __ __ __

7. Il faut la payer pour être assuré.   P __ __ __ __

8. Le vol en est un.   S __ __ __ __ __ __ __

9. Ni l'assureur ni l'assuré : une autre personne.   T __ __ __ __

10. Synonyme de préjudice.   D __ __ __ __ __ __

3 Vrai ou faux ?

	VRAI	FAUX
1. La prime est une somme d'argent versée à l'assuré.	☐	☐
2. L'assuré est toujours le bénéficiaire de l'indemnité.	☐	☐
3. Dans l'assurance maladie, le risque est la maladie.	☐	☐
4. Dans certains cas, la vie est un risque.	☐	☐
5. Un sinistre peut causer des dommages à la fois matériels et corporels.	☐	☐
6. L'expert en assurance est chargé d'indemniser l'assuré.	☐	☐

69

FAIRE LES COMPTES

A. PLAN COMPTABLE

Dimitri Lacour travaille comme **comptable** dans une agence de publicité. Il parle de son travail :

« Mon travail consiste à **tenir la comptabilité** de l'agence. Tous les jours j'enregistre des chiffres dans des **livres de comptabilité** et bien sûr, comme tous mes collègues comptables, j'utilise **le plan comptable**. »

Le plan comptable est obligatoire dans toutes les entreprises. Il est divisé en un certain nombre de **comptes** : compte caisse, compte banque, compte client, etc. Chacun de ces comptes comprend deux colonnes : une colonne pour les entrées de valeurs (de l'argent, le prix d'un bien) et une colonne pour les sorties de valeurs.

Dimitri Lacour : « Les comptables ont un langage particulier. Au lieu d'entrées, nous parlons de **débit**. Au lieu de sorties, nous parlons de **crédit**. Par exemple, si je mets 100 euros dans la caisse, je dis que **je débite le compte caisse de** 100 euros. Si je sors 100 euros, **je crédite** le compte caisse **de** 100 euros. La différence entre le débit et le crédit s'appelle **le solde**. Si les débits sont supérieurs aux crédits, le solde est **débiteur**. Dans le cas contraire, on parle de solde **créditeur**. »

Compte caisse

Débit	Crédit
Ce qui entre dans la caisse	Ce qui sort de la caisse
Solde	

B. COMPTE DE RÉSULTAT

Dimitri Lacour : « À chaque **exercice**, c'est-à-dire chaque année, je dois établir **le compte de résultat.** Ce compte décrit ce que l'entreprise a dépensé et ce qu'elle a gagné pendant l'exercice. Nous parlons de **charges** et de **produits**.

Les charges correspondent à ce que l'entreprise a dépensé : les achats de marchandises, le loyer, les salaires du personnel, etc.

Les produits correspondent à ce que l'entreprise a gagné, c'est-à-dire principalement le chiffre d'affaires (ce qu'elle a vendu).

Compte de résultat

Charges	Produits
Ce que l'entreprise a dépensé pendant l'exercice	Ce que l'entreprise a gagné pendant l'exercice
Résultat	

Finalement, nous calculons **le résultat**, c'est-à-dire la différence entre les produits et les charges. Si le résultat est positif, c'est que l'entreprise a **réalisé un bénéfice (un profit)**. En revanche, si le résultat est négatif, c'est que nous avons réalisé **une perte**, et ce n'est évidemment pas une bonne chose. »

1 **Entourez la bonne réponse.**

Vous travaillez comme comptable dans une librairie.

1. Un client achète un livre au prix de 23,50 euros. Il règle en espèces. Vous débitez créditez le compte banque caisse de 23,50 euros.

2. Vous réglez par chèque une facture de 1 325 euros. Vous débitez créditez de 1 325 euros le compte banque caisse de la librairie.

2 **Complétez les mentions manquantes.**

1. Le compte de résultat décrit les produits et les charges de l'entreprise au cours de l' _____.

2. Les _____ sont en majeure partie les revenus que l'entreprise a retirés de son activité productive.

3. Les _____ recensent les dépenses.

4. La différence entre les produits et les charges donne le _____.

5. Si le résultat est positif, c'est un _____.

6. S'il est négatif, c'est une _____.

3 **Éliminez les deux intrus.**

Règlement des factures de téléphone – Frais de réparation – Amende payée au fisc

Salaires versés – Frais de transport – Paiement des loyers – Charges sociales

Achats de matières premières – Primes versées aux assurances – Production vendue

Plus-value réalisée sur la vente d'un bien immobilier – Intérêts d'emprunts versés à la banque

4 **Lisez les déclarations suivantes de Dimitri Lacour.**

> Les entreprises doivent obligatoirement l'appliquer. Il est subdivisé en un certain nombre de comptes et de sous-comptes.

> Le solde d'un compte caisse n'est jamais créditeur.

1. De quoi parle-t-il ?

_____

2. Expliquez pourquoi.

_____

_____

_____

70

FAIRE LE BILAN

A. ACTIF

L'actif répond à une question fort importante :
« Où est l'argent ? ». Il décrit tout ce que l'entreprise
possède à un moment donné.

L'actif immobilisé comprend les biens durables
(utilisés pendant au moins un an).
■ **Immobilisations incorporelles** : **frais** engagés
au moment de la création de l'entreprise, brevets,
marques, etc.
■ **Immobilisations corporelles** : tous les **biens
matériel**s que l'entreprise utilise durablement
(terrains, immeubles, machines, etc.)
■ **Immobilisations financières** : parts sociales
ou actions détenues par la société en vue de participer
à la gestion ou au contrôle d'autres entreprises,
prêts consentis (accordés) par la société à des tiers (autres personnes).

L'actif circulant comprend les **biens non durables**.
■ **Stocks et en cours** : matières premières, produits **en cours de** production, produits
finis (prêts à être vendus) que l'entreprise a en stock.
■ **Créances** : principalement ce que les clients n'ont pas encore réglé.
■ **Valeurs mobilières de placement** : actions et obligations détenues par la société
en vue de réaliser une plus-value.
■ **Disponibilités** : l'argent disponible, c'est-à-dire ce que l'entreprise a **en caisse**
et sur des comptes bancaires.

Actifs *Où est l'argent ?*
Actif immobilisé • Immobilisations incorporelles • Immobilisations corporelles • Immobilisations financières
Actif circulant • Stocks et en-cours • Créances • Valeurs mobilières de placement • Disponibilités

B. PASSIF

Le passif répond à une autre grande question :
« D'où vient l'argent ? ».

Les capitaux propres comprennent toutes
les ressources non empruntées.
■ **Capital (social)** : ce que les associés ont apporté
à la société, principalement à la création de l'entreprise.
■ **Réserves** : part des bénéfices qui est réinvestie
dans l'entreprise.
■ **Résultat de l'exercice** : ce résultat peut être
positif (bénéfice) ou négatif (perte). Le bénéfice
sera ensuite **réparti** entre les réserves
et la distribution de dividendes aux associés.

Les dettes
■ **Dettes financières** : émission d'emprunt obligataire, emprunt bancaire, etc.
■ **Dettes d'exploitation** : dettes envers les fournisseurs, **avances** versées par des clients,
dettes vis-à-vis du **fisc** (administration des impôts), etc.

Passif *D'où vient l'argent ?*
Capitaux propres • Capital • Réserves • Résultat de l'exercice
Dettes • Dettes financières • Dettes d'exploitation

1   **Les bilans suivants appartiennent à trois entreprises différentes.**

Dites lequel appartient à :

– un hypermarché.

⇒ Bilan …

– un équipementier automobile.

⇒ Bilan …

– une société financière (une holding).

⇒ Bilan …

Vous ne voyez que l'actif.

	BILAN A (actif)	BILAN B (actif)	BILAN C (actif)
Actif immobilisé			
• Immobilisations incorporelles	115	163	108
• Immobilisations corporelles	1 652	378	280
• Immobilisations financières	74	43	898
Actif circulant			
• Stocks	717	854	8
• Créances	301	118	176
• Valeurs mobilières de placement	10	44	264
• Disponibilités	2	1	5
Total	2 871	1 601	1 739

2   **À l'aide des informations ci-dessous, faites le bilan de la société Cibox.**

BILAN CIBOX

ACTIF		PASSIF	
Actif immobilisé		**Capitaux propres**	
• Immobilisations incorporelles	*38*	• _____	…
• _____	…	• _____	…
Actif circulant		**Dettes**	
• _____	…	• _____	…
• _____	…	• _____	…
• _____	…		
Total	**200**	**Total**	**200**

1. Les brevets d'invention de Cibox sont estimés à **38**.

2. Les biens d'équipement (machines, matériel) valent **103**.

3. Les matières premières et les produits finis, d'une valeur de **32**, sont entreposés dans le magasin.

4. Les clients de Cibox doivent au total **21**.

5. Le montant des liquidités (compte courant et caisse) s'élève à **6**.

6. À la création de la société, il y a 5 ans, les associés ont apporté **85**. Il n'y a pas eu de nouveaux apports.

7. Depuis la création de la société, **26** de bénéfices n'ont pas été distribués aux actionnaires.

8. Il reste **69** à rembourser à la banque.

9. Cibox doit encore **20** à divers fournisseurs.

INDEX

La catégorie grammaticale du mot
est indiquée entre parenthèses ainsi que le genre des noms.
Les chiffres renvoient aux numéros des leçons.

n. = nom   adv. = adverbe
m. = masculin   f. = féminin
loc. = locution   adj. = adjectif
v. = verbe

INDEX

N° d'éditeur : 10188906 - CGI - Mai 2012
Imprimé en France par I.M.E. - 25110 Baume-les-Dames